도시찬가

장성욱 지음

FOREST
WHALE

작가 소개

장성욱

IT 강사이자 도시의 아름다움을 탐구하는 사유가(思惟家)이다. 프로그래밍 언어를 가르치며 논리와 구조의 정밀함을 전파하는 그는, 도시 또한 하나의 정교한 코드이자 살아 숨 쉬는 알고리즘이라 믿는다. 화면 위에 그려지는 인터페이스처럼, 도시 역시 인간의 삶과 감정이 구현되는 거대한 플랫폼이라 여기며, 그 설계와 진화를 누구보다 애정 어린 시선으로 지켜보고 있다.
그는 기술이 도시를 차갑게 만든다는 통념을 거부하며, 오히려 기술이 도시를 더욱 인간답게 만들 수 있음을 이 책을 통해 말하고자 한다. 그의 글은 단순한 미래 예측이 아니라, 현재의 도시를 긍정하고 그 위에 더 나은 미래를 설계하려는 시도이며, 동시에 도시 속 인간 삶의 본질을 통찰하려는 기록이다.

삶을 설계하고, 도시를 찬양하며, 인간을 믿는 일.
그는 자신이 믿는 모든 가치를 강의실 안과 책상 위에서 동시에 실천해 나가고 있다

목차

작가 소개	02
작가의 말	08

1부 도시, 잊고 있던 무대

1장. 과거로부터의 탈피	14
2장. 도시를 노래하자	17
3장. 비평가들을 위한 변론	19
4장. 기적 위의 일상	22
5장. 창조의 입자들	25
6장. 도시는 죄가 없다	27
7장. 감상의 기술	30
8장. 걸음의 품격	33
9장. 정신의 구조물	35
10장. 신뢰의 집합체	37
11장. 현실이라는 무대	39
12장. 요정의 도시	42
13장. 아침의 재구성	44

14장. 어둠 속의 품격   47

15장. 격리된 감각   49

16장. 회색 기억의 오류   51

17장. 도시의 진화는 계속된다   54

18장. 문명의 온기   56

19장. 살아있는 신화   58

20장. 꿈이 이룬 세계   60

21장. 하나의 리듬   62

22장. 도시의 얼굴   64

23장. 직조된 세계   67

24장. 소유하지 않고 누리는 법   70

25장. 시간의 결을 걷다   72

2부 도시를 노래하다

1장. 도시의 아침   76

2장. 도시의 밤   78

3장. 네온사인   81

4장. 건축	83
5장. 거리	85
6장. 광장	87
7장. 골목길	89
8장. 창문	92
9장. 다리	94
10장. 광장	97
11장. 도로	99
12장. 가로등	101
13장. 신호등	104
14장. 자동차	106
15장. 광고판	108
16장. 사거리	111
17장. 백화점	114
18장. 빗물 고인 도로	117
19장. 에스컬레이터	120
20장. 아파트	123

21장. 버스 정류장   126

22장. 지하철역   128

23장. 옥상   131

24장. 주차장   134

25장. 세계   136

26장. 도시   140

3부 미래의 도시

1장. 인공지능   146

2장. 탄소제로   148

3장. 자율주행   151

4장. 증강현실   154

5장. 도시항공   157

6장. 데이터   160

7장. 로봇   163

8장. 도시 언어   166

9장. 재난 대응	168
10장. 도시 교육	170
11장. 의료 인프라	173
12장. 도시 복지	175
13장. 도시 농업	177
14장. 에너지 공유	179
15장. 도시의 학습	181
16장. 모듈러 도시	184
17장. 디지털 쌍둥이	187
18장. 초연결,	190
19장. 드론	192
20장. 도시	194
21장. 도시	197
22장. 사라지는 벽	199

4부 도시와 나

1장. 도시 속에서 나를 지킨다는 것   204

2장. 함께 존재한다는 것의 의미   207

3장. 기술 속에서 나를 잃지 않기 위해

     210

4장. 일상 속에 예술을 심자.   213

5장. 도시에 스며든다는 것,

     도시와 함께 살아간다는 것   216

6장. 시간과 함께 숨 쉬는 삶, 도시 속에서   218

마치며   220

작가의 말

 인간은 '자연'을 떠올릴 때, 바람에 일렁이는 풀잎, 계절마다 다른 얼굴을 지닌 산과 강, 하늘을 수놓는 아름다운 별빛을 떠올린다. 반면 '도시'를 떠올릴 때에는 회색빛으로 물든 건물, 차갑게 울리는 경적 소리, 끊임없이 번지는 소음, 빛과 먼지로 흐려진 하늘을 떠올린다. 하지만 자연에는 아름다움뿐만 아니라, 잔인한 약육강식, 넘치는 오물과 폐수, 예측할 수 없는 자연재해, 견디기 힘든 추위와 불편, 단조로운 음식과 악취가 존재한다. 반면, 도시에는 인간이 빚어낸 편리함과 안전, 다양한 음식과 문화, 예술과 기술, 그리고 끊임없이 진화하는 삶의 방식이 숨어 있다.
 자연과 도시는 장단점을 지니고 있지만, 우리는 자연의 불편함을 쉽게 잊고 도시의 소음과 혼잡만을 기억하기 시작했다. 신호등과 보도블록, 빌딩들은 처음에는 놀라움과 경이로움을 안겨주었지만, 점차 일상의 익숙한 배경으로 스며들었고, 그 결과, 우리는 도시가 가진 정교한 구조와 질서, 연결망의 가치를 잊게 되었다. 우리가 무심코 지나치는 도시는 정말 단조롭고 무미건조한 공간일까? 아니면 그 너머에 훨씬 더 깊은 삶의 이야기들이 숨겨져 있을까? 많은 사람들은 우리가 살아가는 이 공간을 삭막하고 메마른 공간으로 여기지만, 사실 도시는 삶과 감정, 실패와 희망, 사랑과 기억이 켜켜이 쌓여 있는 살아있는 무대이며, 인간의 상상력과 창조성, 그리고 여러 세대에 걸친 지성이 모여 끊임없이 변화하고 성장하는 공간으로 볼 수 있다.

나는 이 책을 통해 바로 이러한 도시의 숨결과 온기를 기록하고, 익숙함 속에 가려진 진짜 도시의 모습을 다시 보여주고자 한다. 도시는 삭막하거나 메마른 공간이 아니라, 인간 정신이 쌓아 올린 가장 완성도 높은 삶의 공간임을 증명하고, 단순한 배경이 아닌 우리의 삶과 기억을 품고 있는 공간임을 밝힐 것이다.

이 책을 읽는 독자들이 무심히 지나쳤던 도시의 풍경을 새롭게 바라보고, 그 속에 깃든 생명과 아름다움을 온전히 느끼는 계기가 되기를 바란다.

1부

도시,
잊고 있던 무대

1장. 과거로부터의 탈피

부제: 자연만이 아름답다는 믿음에 의문을 던지다

 우리는 너무 오랫동안 자연의 언어에 사로잡혀 있었다. 숲 사이로 스며드는 새벽의 빛, 계절을 따라 흐르는 대지의 숨결, 밤하늘을 유영하는 별들의 리듬에 경외감을 품으며, 오직 자연에만 순수와 진실이 깃들어 있다고 믿어왔다. 그러나 이제 우리는 스스로에게 묻지 않을 수 없다. '우리가 경외해 온 아름다움이 자연에만 깃들어 있다면' 도시는 과연 어떤 얼굴로 우리 곁에 있었던 것일까. 눈을 조금만 돌려보면, 도시는 매일 우리에게 또 다른 방식의 아름다움을 건네고 있었다. 골목을 은은하게 물들이는 가로등의 불빛, 비에 젖은 도로 위에 흘러내리는 네온의 반사, 자동차 유리에 퍼지는 도시의 불꽃, 도심을 가르는 전철의 푸른 섬광, 늦은 밤 창문마다 깜빡이는 작은 불빛. 이 모든 장면은 자연 못지않게 찬란하고, 어떤 면에서는 더욱 경이롭다. 이런 아름다움은 우연히 만들어진 게 아니며, 인간의 상상력과 손길이 더해져 탄생한 결과이기에, 자연이 주어진 세계라면 도시는 인간이 상상하고 설계하며 손으로 빚어낸 창조의 세계라 할 수 있다.

  인류는 불과 백 년 남짓한 시간 동안, 철과 유리로, 빛과 속도로 이루어진 놀라운 도시를 세웠다. 그 속도와 규모, 그리고 정교함은 과거 어떤 창조물이나 문명도 미치지 못한다. 그리고 그 안에는 인류의 열망과 이상, 기술과 감성이 예술적 형태로 녹아 있다. 그럼에도 우리는 여전히 고대의 유물에만 감동하고, 지금 이 순간 피어나는 도시의 숨결 앞에서는 무심하게 군다. 왜 우리는 과거의 무덤 앞에서만 고개를 숙이고, 현재의 경이로움 앞에서는 외면을 표하는가? 선조들의 유산을 기리는 일은 소중하지만, 오늘의 창조를 감탄하지 못한다면 우리는 감각을 잃은 존재로 매일을 살아가게 될 것이다.

  도시는 오늘도 숨을 쉰다. 거리는 끊임없이 움직이고, 건축물은 시간의 빛을 머금은 채 날마다 새로운 표정을 짓는다. 우리는 이제, 낡은 무덤 위에 새로운 도시의 탑을 세워야 한다. 더 이상 메마른 유골을 어루만지지 말고, 살아 있는 도시의 맥박에 귀를 기울이자. 과거의 유산을 노래하는 대신, 지금 이 순간 피어나는 찬란한 창조를 느껴보자. 바람결처럼 스치는 빛과 사람들, 끊임없이 변주되는 도시의 풍경, 손끝으로 빚은 이 위대한 새로운 세계를 찬미하자. 이제는 도시를 사랑할 시간이다.

2장. 도시를 노래하자
부제: 고개를 들어 지금 이 세계의 찬란함을 응시하다

이제 고결한 마음으로 과감히 과거를 벗어던지고 도시를 노래하자. 부패한 유물에 작별을 고하고 풍요로운 도시의 얼굴을 당당히 마주하자. 오늘도 도시에는 반딧불보다 찬란한 빛이 흐르고 인류가 창조한 수많은 결실이 우리를 맞이하고 있다. 더는 뒤돌아보지 말고 미지의 세계를 향해 나아가는 현대인의 당당한 발걸음으로 고개를 들어 도시를 바라보자. 숙고의 세월 끝에 세워진 거룩한 첨탑들에 마땅한 경의를 표하자. 그리하면 도시는 우리에게 다시금 새로운 영감을 건넬 것이다. 당신이 어떤 모습이든 마음을 열어 조용히 문을 두드려 보라. 그러면 죽어 있다고 여겼던 도시는 살아 있는 마법의 궁전이 되어 당신을 맞이할 것이다. 우리가 잊고 있던 도시는 실은 그동안 말없이 수많은 감성을 품고 있었다. 찬란함과 고결함, 외로움과 고독, 명랑함과 경이, 그리고 깊은 위안의 감각까지 이러한 감정은 도시의 골목과 창가, 조명 아래에 언제나 스며 있었지만 우리는 너무 오래 외면해왔다. 과거의 인간들이 나누던 낭만과 온화함은 희미한 등불 아래 속삭이던 소박한 서사였을지 모른다. 그러나 지금 우리가 발 딛고 선 이 대지는 그보다 훨씬 풍요롭고 눈부신 감정을 품고 있다. 거리 위로는 헤드라이트 불빛이 물결처럼 흐르고 신호등은 깜빡이며 리듬을 맞추고 네온사인은 색색의 빛을 흘리며 춤추고 횡단보도에서는 질서 정연한 군무가 펼쳐진다. 버스 정류장에는 기다림의 인내가 고요히 쌓이고 고층 빌딩 유리창은 도시의 찬란한 잔영을 고스란히 담아낸다. 우리는 이처럼 충만한 거리를 거닐면서 때때로 아름다움을 잊고 무심코 불평하곤 했다. 그러나 이제는 깨달아야 한다. 우리가 이 시대, 이 도시 위에 서 있다는 사실만으로도 이미 축복받은 존재라는 것을. 길을 걷다 도시의 숨결이 우리를 유혹한다면 우리를 감싸는 모든 풍경과 숨결은 단 한 번 주어지는 찬란한 풍경임을 기억하며 발걸음을 멈추자. 그리고 도시가 건네는 속삭임에 조용히 귀 기울여보자. 우리는 인류가 만들어낸 가장 경이로운 기적의 중심에 서 있다는 사실을 알게 될 것이다.

3장. 비평가들을 위한 변론

부제: 느림과 순수를 찬양하는 이들에게 도시의 논리를 말하다

 우리 주변에는 하루 종일 도시의 결점만을 이야기하는 어리석은 사람들이 있다. 이들은 바래진 유산과 낡은 기념비를 세우고 살아 있는 도시의 심장에 증오의 싹을 키우느라 여념이 없다. 과거에 머무른 자들은 디지털보다 아날로그를 미화하고, 빠름보다 느림을 찬양하며, 개인보다 집단을 좋아한다. 그리고 자연은 청정하고 정이 넘치는 공간으로 그리지만, 도시는 오염되고 정이 없는 공간으로 치부한다. 그래서 과거에 매인 이들은 오늘의 현실을 늘 그릇되게 읽어낸다. 지고지순한 여인을 곁에 두고 익숙함에 속아 과거의 여자를 그리워하는 사람처럼 뒤를 향해 걷는 이들은 어느 세대를 살아도, 끝내 자신이 사는 시대를 저주하고, 잊힌 과거를 신화처럼 떠받들 것이다.

 지금부터 나는 시대를 거스르는 이들에게 충고를

전할 것이다. 그래, 좋다. 도시에 단점이 있다고 하자. 그러나 현대 문명이 빠름을 추구한다고 해서 그것이 곧 비난받을 이유가 될 수는 없다. 왜 느림의 미학만이 숭상되어야 하는가. 빠름 또한 고유한 가치를 지니고 있다. 우리는 빠르게 살아감으로써 인생을 더 압축적이고 밀도 있게 경험할 수 있다. 과거의 인간이 무덤에 이르기까지 느린 걸음으로 산길을 헤매었다면, 우리는 다양한 속도로, 화려한 발걸음으로 세상을 가로지를 수 있다. 도시는 정이 없다고들 한다. 그러나 우리는 선택된 소수에게 진정한 정을 나눌 수 있다. 아무도 우리의 허락 없이 마음의 울타리를 넘을 수 없으며, 우리는 만나고 싶을 때만 사람을 만나고, 닫고 싶을 때는 조용히 자신만의 공간으로 물러날 수 있다. 이 자유롭고 단단한 경계는 도시가 우리에게 건넨 가장 큰 축복 중 하나일지도 모른다. 도시에는 오염과 현대 질병이 자리 잡고 있다고들 한다. 그러나 우리는 현대 질병과도 우아하게 춤을 줄 수 있다. 우리를 치유해 줄 훌륭한 의학과 기술이 이미 우리 곁에 준비되어 있기 때문이다. 도시에는 업무 스트레스가 가득하다고 한다. 그러나 과거 생존을 위한 고통과

혹독한 추위 앞에서 느꼈던 절망에 비하면, 이 정도의 압박은 오히려 견딜 만한 것이 아닐까. 우리는 스스로 빠른 것을 추구해 왔으면서, 이제 와서 느림을 그리워하고 있고, 우리는 효율을 찬양해 왔으면서, 이제 와서 여유를 갈망하고 있다. 우리는 편리함을 추구해 왔으면서, 불편함 속의 낭만을 찾고 있고, 우리는 거대한 도시를 세워왔으면서, 작은 마을을 동경하고 있다. 우리는 빛을 쫓아왔으면서, 어둠의 고요를 그리워하고 있고, 우리는 미래를 향해 달려왔으면서, 과거를 그리워하고 있다. 우리는 무한한 속도를 꿈꿔왔으면서, 정지의 아름다움을 말하고 있고, 우리는 높이를 욕망해 왔으면서, 낮고 평범한 것의 가치를 노래하고 있다.

도시의 아름다움을 느끼지 못하고, 찾으려 하지도 않으며, 여전히 우울 속을 헤매는 이들에게는 한없는 안타까움을. 그러나 도시의 아름다움을 꿰뚫는 심미안을 지닌 밝은 영혼들에게는 환희의 축배를 바친다. 그대들은 평생 과거의 비너스상을 붙들고 옛것에 사로잡혀 있으라. 우리는 우리대로 현대의 풍요로움을 찬양하며, 오늘을 살아가겠다.

4장. 기적 위의 일상

부제: 도시가 존재한다는 사실 자체에 경외를 바치다

만약 전쟁이 일어나 지금까지 피와 땀으로 세워진 도시의 조형물들이 한순간에 무너진다면, 문명을 되살리기 위해 얼마나 막대한 대가를 치러야 할까. 그런 상실 앞에서 사람들은 얼마나 절실하게 풍요로운 삶의 무대를 그리워하게 될까. 인류가 도시를 단 한 번, 오직 한순간만 바라볼 수 있다면, 그 장면을 마주하기 위해 어떤 치열함도 마다하지 않을 것이며, 단 하루라도 도시를 눈에 담기 위해 목숨을 건 여정을 선택할지도 모른다.

우리는 영원히 이 세계를 누릴 수 있으리라 믿지만, 그 믿음이 결코 자만이 되어선 안 된다. 시간의 흐름 속에서 우리가 쌓아 올린 모든 구조가 흔적도 없이 사라지지 않도록, 지금 이 순간을 기억하고 지켜내야 할 의무가 우리에게 있다. 그러므로 길을 걷다 아름다운 도시의 풍경을 마주친다면, 무심히 지나치지 말자. 그 장면은 생애 단 한 번 마주치는 예술 작품일지도 모른다. 이 순간을 감각적으로, 서정적으로, 그리고 문학적으로 마음속에 간직해 보자. 피카소의 선, 반 고흐의 색채, 미켈란젤로의 조형미보다 도시 건축이 덜 위대하다는 보장은 없다. 오히려 도시 공간은 관상용을 넘어 실용성과 기능까지 갖춘, 인간의 이성과 미학이 정제되어 빚어낸 가장 완성도 높은 예술의 결정체라 할 수 있다. 만약 아직 도시의 위대함을 온전히 느끼지 못했다면, 정교하게 설계된 디오라마를 떠올려 보자. 눈앞에 펼쳐진 작은 세상이 얼마나 세밀하고 아름다운지 우리는 익히 알고 있다. 그러나 디오라마는 고요히 전시된 장식에 불과할 뿐, 도시는 직접 뛰어놀고 움직일 수 있는 살아있는 무대이다. 이제 이 거대한 무대를 함께 만끽해 보자. 전광석화처럼 빠르게 달리는 자동차에 몸을 싣고, 빛이 만들어내는 리듬에 맞춰 노래를 부르며, 네온사인으로 물든 거리 위를 미끄러지듯 달려 보자. 고층 빌딩 유리창에 반사되는 불빛 사이를 누비며, 횡단보도에서 교차하는 수백 개의 삶의 속도를 함께 지나치며, 도시가 전하는 다채로운 빛깔과 소리, 냄새와 감촉을 온몸으로 느끼고 깊이 새기자. 그리고 우리가 함께 만들어가는 이야기를 노래하며, 도시라는 이 거대한 무대에 경외를 바치자.

5장. 창조의 입자들

부제: 무기물이 감각과 구조로 바뀌는 순간

　우리의 세계는 수많은 원소로 이루어져 있다. 철, 탄소, 산소, 수소, 은. 이러한 작은 입자들은 본래 침묵하고 있지만, 인간의 손길이 닿는 순간 새로운 생명을 얻는다. 무기질의 단순한 나열에 불과했던 것들이 인간의 감각과 의지, 상상력에 의해 문명으로, 예술로, 구조로 변모하는 과정을 지켜보면, 그 놀라움과 경이로움 속에서 나는 늘 깨닫게 된다. 금 자체보다 정교하게 세공된 금반지가 더욱 아름답고, 나무 자체보다는 깎아 만든 의자와 창틀에 더 마음이 가며, 철이라는 물질보다 금속이 응고되어 완성된 구조물 앞에서 내 생각이 더 오래 머무른다는 사실을. 이처럼, 원소는 인간의 손길을 만나 감각과 질서를 얻고, 때로는 경이로운 순간으로 피어 오른다. 그중에서도 나의 마음을 끄는 가장 극적인 순간은, 밤하늘을 가르며 폭죽

이 터지는 찰나다. 보이지 않던 입자들이 정교한 계산에 따라 결합하고, 숨겨진 원소들이 마침내 빛으로 분출되는 불꽃은 그 자체로 인간 감각과 기술, 예술과 수학이 완벽히 겹쳐진 하나의 결정임을 보여준다. 나는 그 순간, 숨이 막히는 듯한 감각에 사로잡히며, 찰나에 피어나는 경이로움이 온몸을 잠식하고, 시간조차 멈춘 듯 고요해진다.

이렇듯 단순한 물질은 인간을 통해 감각과 감정을 입고 하나의 얼굴을 얻는다. 피아노 건반, 바이올린 현, 첼로의 울림. 모든 소리는 물리적 원소의 조합에서 비롯되지만 인간의 의지와 감각 없이는 결코 울려 퍼지지 않는다. 우리는 자연을 단지 소비하지 않고, 원소에 의미를 부여하며 그것을 형상화해 삶의 질서와 예술로 승화시키고 있는 것이다. 이러한 행위는 마치 신화 속, 흙으로 사람을 빚던 신의 이야기와도 같다. 그리고 이제 창조가 인간의 손에서 현실로 구현되고 있는 것이다.

오늘날 도시라는 공간 역시 철과 유리, 콘크리트 같은 무기물이 인간의 감각과 의지, 상상을 만나 새로운 의미와 구조를 갖춘 결과물이다. 우리는 이러한 원소들을 단순히 소비하는 데 그치지 않고, 그 속에 담긴 가능성을 발견하고 재창조하는 창조자가 되어야 한다. 거리를 걷다가 정교한 건축물을 마주한다면, 그저 스쳐 지나가지 말자. 그 안에 담긴 수많은 계산과 노동, 미학과 기능을 눈여겨보고, 그 조화가 만들어낸 아름다움을 느껴보도록 하자. 결국 인간이 창조의 중심에 서 있다는 사실과, 도시는 우리의 감각과 의지, 그리고 미래에 대한 비전이 고스란히 담긴 살아 있는 증거임을 깨닫게 될 것이다.

6장. 도시는 죄가 없다

부제: 삭막함은 도시가 아니라 지친 마음의 그림자

우리는 가끔 도시를 우울하게 바라본다. 흐린 하늘 아래, 유리창 너머 무표정하게 서 있는 사람들, 건물 틈새로 새어 나오는 싸늘한 바람, 광고판마다 쉴 새 없이 깜박이는 빛의 소음, 벽에 덕지덕지 붙은 낡은 전단지와 비에 젖어 흐릿해진 보도블록. 그리고 그 위를 무심히 스쳐 지나가는 군중과, 창백한 가로등 불빛 아래 고개를 숙인 행렬까지. 이 모든 광경을 마주할 때면, 당신은 문득 이 도시가 너무 삭막하다는 생각에 잠기게 된다. 하지만 나는 말하고 싶다. 그것은 도시가 메마른 것이 아니라, 우리의 마음이 지쳐 있었던 것이라고. 통장의 잔고가 바닥난 날, 사랑이 떠난 날, 상사의 한마디에 자존감이 무너진 오후, 그 모든 슬픔과 고단함이 도시라는 거대한 배경 위에 드리워졌을 뿐, 도시는 결코 우리를 외면한 적이 없다. 오히려 도시는 우리의 감정에 기생하지 않고, 우리가 무너질 때 조용히 감싸며, 말 없는 위안이 되어주었다. 도시의 조명은 당신이 울던 밤에도 꺼지지 않았고, 가로등은 여전히 길을 밝혔으며, 횡단보도의 신호는 당신의 발걸음을 위해 색을 바꾸고, 지하철은 다음 역을 향해 달려갔다. 하지만 우리는 이런 사실을 잊고, 고통의 무게를 도시 탓으로 돌리며, 찬란한 공간을 원망의 대상으로 삼아왔다. 이제 도시를 원망하기보다 그 속에서 새로운 의미를 찾고, 빠르게 걷던 발걸음을 멈추어 익숙한 구조물 위로 시선을 올려보자. 빌딩 숲 사이로 유영하는 아름다운 조명이 우리를 향해 속삭이고 있다.

7장. 감상의 기술
부제:도시는 구조와 리듬으로 읽는 하나의 예술

 도시를 아름답게 감상하는 법은 생각보다 단순하다. 그러나 많은 이들이 그 방법을 엉뚱한 곳에서 찾는다. 누군가는 술에 취한 채 도시를 바라보며, 누군가는 막연한 감상이나 과장된 모순 속에서 도시를 해석하려 한다. 그러나 그런 방식은 도시의 본질을 흐릿하게 만들 뿐이다. 도시의 아름다움은 자극 속에 있지 않다. 진정한 감상은 맑은 정신, 차분한 시선, 그리고 구조를 읽어내는 눈에서 시작된다.

 도시는 본질적으로 인간이 창조한 조형물이다. 철과 유리, 콘크리트와 빛으로 짜인 이 공간은 단순한 기능을 넘어 하나의 질서와 운율을 품고 있다. 따라서 도시를 감상한다는 것은 단순히 무심히 소비하는 것이 아니라, 그 질서와 흐름을 인식하며 음미하는 일이어야 한다. 하지만 우리는 종종 도시를 기능적으로만 소비하는 경향이 있다. 길은 그저 이동을 위한 통로에 불과하고, 건물은 용도에 따라 스쳐 지나가는 대상에 시나지 않는다. 이런 태도로는 결코 도시가 지닌 아름다움에 닿을 수 없다.

도시가 지닌 질서와 운율을 온전히 느끼려면, 무엇보다도 먼저 목적을 향한 시선을 내려놓아야 한다. 목표나 효율에 얽매인 채 도시를 바라보면, 그 본질을 놓치기 쉽다. 천천히, 여유로운 마음으로 도시를 관찰해야 비로소 그 조화가 눈에 들어오기 시작한다. 또한 차분한 시선을 가져야 한다. 조급함을 버리고, 선과 면, 빛과 그림자가 만들어내는 미묘한 조합을 세심하게 살펴야 한다. 빠르게 스쳐 지나가는 풍경 속에서는 결코 도시가 전하는 조형적 언어를 온전히 들을 수 없다. 마지막으로, 구조를 읽어내는 눈을 가져야 한다. 건물의 대칭, 거리의 흐름, 광장의 배치, 가로등과 신호등의 배열을 주의 깊게 살펴보면, 도시의 모든 요소가 서로 맞물려 만들어내는 공간적 구성과 균형을 분명하게 느낄 수 있다.

 조금만 속도를 늦추고 익숙한 도시를 다르게 바라보자. 정면으로만 보던 건물의 대칭을 곡선으로 느끼고, 거리의 선형과 교차를 리듬으로 음미해보자. 엘리베이터 복도의 구도, 유리창에 비친 도시의 실루엣, 사거리 신호등이 만들어내는 색의 조율까지, 그 모든 것들이 인간의 손으로 만들어진 거대한 구조 위에서 조용히 소리 내고 있음을 느낄 수 있을 것이다.

8장. 걸음의 품격

부제: 자신만의 리듬으로 도시를 살아내는 태도

  도시를 걷는 데 가장 필요한 태도는 '자신감'이다. 수많은 인파와 거대한 구조물 속에서 도시의 주인공이 되기 위해, 우리는 먼저 고개를 들어야 한다. 땅을 보며 걷는 걸음은 피로만 남기지만, 하늘을 올려다보는 시선은 도시를 관통하는 에너지와 연결된다. 도시의 풍경은 당신을 위축시키는 배경이 아니다. 오히려 당신이 주인공으로 설 수 있도록 자리를 내어주는 무대다. 생각해 보자. 이 위대한 도시는 결국 인간이 만든 것이다. 강철과 유리, 콘크리트로 엮어낸 정교한 질서는 바로 우리와 같은 혈맥을 잇는 이들의 손끝에서 탄생했다. 우리는 그 창조자들과 같은 계보에 서 있는 사람이며, 이 문명 속에 살아가는 당당한 구성원이다. 따라서 도시에 들어선 우리는 누군가의 손님이 아니라, 이 거대한 무대의 일부이자 그 질서를 함께 움직이는 동력인 것이다. 그러므로 도시를 걸을 때는 고개를 들고, 발걸음을 망설이지 말아야 한다. 내딛는 걸음 하나, 바라보는 시선 하나가 도시의 숨결과 맞닿는 경험을 느끼며, 그 속에서 우리는 단순한 관찰자가 아니라 문명의 흐름을 함께 이어가는 주체임을 자각해야 한다. 우리는 마주하는 모든 풍경과 사람들 속에서 자신만의 이야기를 만들어가는 존재임을 잊지 말자.

9장. 정신의 구조물

부제: 도시는 인간 정신이 외부에 새긴 가장 응축된 서명

 우주는 광활하고 위대하다. 그러나 그 위대함은 언제나 침묵 속에 머문다. 무한히 펼쳐진 공간은 우리에게 경외심을 불러일으키지만, 어떤 응답도 들려주지 않는다. 그래서 우주는 경이롭지만, 동시에 공허하고 냉담하게 느껴진다. 설령 그 안에 어떤 의미가 있다 해도, 인간의 언어로는 그것을 온전히 표현할 수 없다. 그래서 우리는 늘 해석의 문 앞에 서 있을 뿐, 그 너머로 나아가지 못한다. 반면, 인간이 설계하고 세운 도시는 다르다. 우주처럼 침묵하지 않는다. 언어가 흐르고, 질서가 호흡하며, 감각과 이성이 층층이 쌓여 서로를 부른다. 그렇게 형성된 도시는, 인간 정신이 외부 세계에 새긴 가장 응축된 서명이자, 삶의 흔적이 구조로 정제된 공간임을 보여준다. 콘크리트와 유리, 금속과 빛으로 엮인 거리와 건물, 그 안에 흐르는 신

호와 규칙 하나하나는 우연의 산물이 아니다. 그 모든 것들은 인간의 사유가 형태를 입은 문장이고, 공동체의 호흡이며, 의지의 구조라 볼 수 있다.

　건물은 말한다. 인간은 하늘을 향해 질문하고, 공간에 자신을 새긴 존재라고. 나아가 도시는 말한다. 우리가 여기에 있다고, 그리고 앞으로도 있을 것이라고. 우리는 도시를 사랑해야 한다. 도시는 침묵하는 우주에 맞서 세운 인간의 응답이며, 의미를 부여하려는 의지의 산물이자 우리 안에 잠든 언어를 바깥으로 이끌어내고, 흩어진 삶의 조각들을 연결한 유일한 무대이기 때문이다. 결국 도시를 사랑한다는 것은 인간의 창조성과 사유를 신뢰하는 일이며, 구조 속에 스며든 철학을 읽어 내려는 시도이다. 누군가는 도시를 소란스럽고 무질서한 덩어리로만 보겠지만, 또 다른 누군가는 그 안에서 가장 정교한 감정의 구조와 숨결을 발견할 것이다. 그리고 그 언어를 읽을 수 있는 이라면, 더 이상 도시는 단순한 배경이 아니라, 함께 사유하고 호흡하는 존재가 될 것이다.

10장. 신뢰의 집합체
부제:도시를 움직이는 보이지 않는 윤리의 계약

도시는 단지 철과 유리로 지어진 구조물이 아니다. 도시는 인간이 서로를 신뢰하며 쌓아 올린 협업의 총합이고, 공동체가 미래를 향해 나아가겠다는 의지의 산물이다. 누군가는 도시를 불신과 경계의 공간이라 말하지만, 나는 도시는 근본적으로 '신뢰의 공간'이라 믿는다. 왜냐하면 모든 도시의 질서는 믿음 위에 놓이기 때문이다. 신호등을 보자. 우리는 모두 각자의 차량이 적색 신호에 멈춰 설 것이라는 걸 알기에 교차로를 마음 놓고 통과한다. 엘리베이터를 탈 때에도 우리는 금속 상자가 중력에 굴복하지 않을 것이라 믿기에, 주저 없이 발을 내디딘다. 지하철을 타고 깊은 땅속을 달릴 때에도 우리는 교통 시스템이 우리를 안전하게 목적지까지 데려다줄 것이라 믿기에, 주저 없이 몸을 맡길 수 있다. 이런 신뢰가 가능하려면, 우리는 수많은 이들의 기술과 노동, 그리고 정직함을 믿어야 한다. 신뢰가 모여야 정교하게 얽힌 도시의 '보이지 않는 계약'이 완성되기 때문이다. 이 믿음은 시스템에 대한 맹목적인 순응이 아니다. 오히려 인간이 쌓아온 기술과 윤리, 그리고 복잡한 프로토콜을 향한 존중이다. 전철이 제시간에 도착하고, 수도꼭지를 틀면 물이 흐르고, 도서관이 정숙하게 유지되는 순간은 우리가 도시의 질서를 신뢰하고, 그 신뢰를 지키는 사람들이 있기 때문이다. 한 사람의 정직함, 한 기관의 책임감, 한 사회의 윤리가 모여 거대한 질서를 이루고, 그 질서 속에서 우리는 각자의 역할을 다하며, 안정과 자유를 누린다. 결국 신뢰는 도시를 지탱하는 보이지 않는 토대이자, 우리가 서로 의지하며 살아갈 수 있게 만드는 힘이다. 우리가 도시를 걷는다는 것은 단지 공간을 통과하는 일이 아니라, 이 신뢰망 속에서 서로를 믿고 의지하며 살아가는 것이다. 그러므로 우리는, 도시가 인간 정신 위에 쌓아 올린 가장 깊은 신뢰의 구조물임을 잊지 말아야 한다.

11장. 현실이라는 무대

부제: 진짜 이야기는 화면이 아닌 도시 위에서 쓰인다

 우리는 도시를 감상하지 않는다. 우리의 눈은 손바닥 안의 화면에 고정되어 있고, 감각 기관은 얇은 픽셀 속을 떠돈다. 가상 세계는 매혹적이다. 반짝이는 장면, 과장된 감정, 치밀하게 편집된 서사가 매일같이 우리를 유혹한다. 그러나 가상의 세계는, 우리가 발 딛고 서 있는 도시의 무게와는 다르다. 진짜 감정과 진짜 이야기. 그리고 진짜 삶은 언제나 도시라는 현실 속에서만 피어난다. 우리가 평생 간직하는 기억은 결코 스크린 속의 장면에서 피어나지 않는다. 오랫동안 마음을 울리는 순간들은 우리가 주체가 되어 걸었던 거리, 마주했던 빛, 맞바랐던 숨결 속에서 피어난다. 지하철 출구 앞에서 나눈 짧은 인사, 네온 불빛이 비치는 거리에 서 말없이 함께했던 순간, 횡단보도 신호를 기다리며 스쳐 간 낯선 이의 눈빛, 비에 젖은 골목을 건너며 우산을 나누던 손끝, 이러한 현실의 순간들이야말로 우리의 마음을 깊게 울릴 수 있다. 영상물은 타인의 이야기이다. 잠시 가슴이 뛸 수 있어도, 그 감정은 삶에서 우러난 이야기가 아니다. 드라마 속 사랑은 당신을 울게 할 수 있지만, 그것은 당신의 사랑이 아니다. 영화 속 결단은 당신을 일시적으로 고양시킬 수 있지만, 그것은 당신이 감내한 선택이 아니다. 우리가 화면 속 이야기에 몰입하는 만큼, 우리는 점점 자기 삶의 무대에서 이탈해 갈 것이다. 도시를 살아간다는 것은 단순히 거리를 걷고, 교통을 이용하고, 업무를 소화하는 일이 아니다. 현실이라는 무대 위에서 스스로 진짜 이야기를 써 내려가는 과정이다. 그리고 현실의 서사는, 영상물 속 어떤 허구보다 훨씬 치열하고, 훨씬 아름다우며, 훨씬 오래 남는다. 우리는 매일의 선택과 감정으로 도시 위에 삶의 궤적을 그린다. 당신 발밑의 보도블록 위, 창을 스치는 바람결 속, 조용히 반짝이는 가로등 불빛을 다시 한번 느껴보자. 나폴레옹의 용기나 조커의 광기를 감탄할 수는 있지만, 진정한 감정은 당신이 직접 살아낸 현실에서만 태어난다는 것을 잊지 말자. 도시의 거리에서 부딪히는 모든 장면은 오직 당신만의 것이며, 그 모든 조각들이 모여 마침내 '당신'이라는 한 편의 서사가 완성될 것이다.

12장. 요정의 도시

부제: 조용한 순간에 불쑥 다가오는 도시의 마법

어느 날 문득, 도시가 유난히 아름다워 보일 때가 있다. 대단한 사건이 일어난 것도, 특별한 풍경이 펼쳐진 것도 아니지만, 도시의 숨결이 조금 더 선명하게, 조금 더 다정하게 다가오는 날이 있다. 그때의 도시는 마치 살아 있는 유기체처럼 나를 감싼다. 그럴 때 나는, 나도 모르게 중얼거린다. "요정의 도시다." 논리로 설명할 수 없지만, 그러나 분명히 존재하는 이 감각은 나를 현실과 환상의 경계에 머물게 한다. 그리고 이 감각은 공간과 감정, 리듬과 빛, 그리고 나 자신이 하나의 질서 속에서 조용히 일치하는 순간에 발현된다. 그때의 바람은 도로 위를 사랑스럽게 어루만지며 지나가고, 그때의 빛은 창틀을 따라 조용히 내려앉아 금빛 숨결처럼 스며들며, 그때의 발걸음은 도시의 심장 위에 고요한 선율을 새기듯 울린다. 유리창에 부딪히는 빛의 굴절, 건물 외벽에 흐르는 그림자의 궤적, 전신주를 따라 이어지는 선의 긴장감, 그 모든 것은 내 안의 감정과 조용히 일치하여 세상과 내가 하나의 결을 이루는 듯한 착각에 빠지게 한다. 우리는 속삭이고 있는 도시의 조용한 숨결을 듣기 위해 노력할 필요가 있다. 왜냐하면 익숙한 거리 속에서 도시의 일치된 속삭임을 들을 수 있다면 매번 새로운 도시를 찾아 떠날 필요가 없어지기 때문이다. 요정의 도시는 낯선 곳에만 있는 게 아니다. 매일 걷던 길 위에도, 매일 스쳐 지나던 창가에도 도시의 서사와 기쁨은 숨 쉬고 있으며, 도시는 매일 우리를 향해 조용히 손을 내밀고 있다. 다시 도시를 바라보자. 눈앞의 풍경은 더 이상 단순한 배경이 아니라, 내 삶의 이야기가 펼쳐지는 공간이 될 것이다.

13장 아침의 재구성

부제: 도시의 아침은 질서의 은밀한 복원이다.

 해가 뜨고, 바람이 불며, 새들이 울어대는 아침. 자연은 매번 아무런 계획도 없이 하루를 시작한다. 해는 정해진 시간 없이 산 너머로 불규칙하게 떠오르고, 바람은 방향도 없이 이리저리 몰아친다. 새들은 아무 질서도 없이 서로의 소리를 덮어가며 울어대고, 안개는 들판 위를 무작위로 뒤덮었다가 흐트러진다. 모든 것이 무계획적으로 흘러가고, 아무도 통제하지 않는다. 질서라기엔 너무 불안정하고, 반복이라기엔 너무 예측할 수 없다. 자연의 아침은 방관자처럼 무심하게 시작되고 목적도 책임도 없이 혼돈 속에서 하루가 흘러갈 뿐이다.

 도시의 아침은 자연의 불규칙한 움직임과는 전혀 다른 방식으로 하루를 연다. 차가운 새벽 공기 속에서 조명이 하나둘 켜지고, 전기가 흐르며 정확한 시간에 맞춰 기계들이 움직이기 시작한다. 지하철역 개찰구에 전원이 공급되고, 전광판에는 첫 열차 도착 시간이 정확하게 표시된다. 전동차가 플랫폼 끝에서 저음으로 울리며 하루의 시작을 알리고, 상점들은 철문을 차례로 올린다. 일터를 향하는 사람들의 발걸음이 점점 분주해지고, 빵집에서는 갓 구운 빵 냄새가 퍼지고, 커피숍에서는 첫 커피가 내려진다. 첫 버스가 정류장에 멈춰 서고, 조용히 손님들을 실어 나른다. 도시 곳곳의 미세한 움직임들이 모여 일정한 리듬을 만들고, 모두가 설계된 시간표와 구조 안에서 움직인다.

 도시는 자연보다 더 정확하고 뚜렷하며 의미 있게 반복된다. 도시의 모든 움직임에는 분명한 목적이 깃들어 있고, 의지와 계획으로 채워진 하루가 '전진'이라는 의미를 만든다. 정교한 시스템 속에서 수많은 사람들이 목적을 가지고 움직이며, 그 움직임들이 모여 문명을 발전시키고 예술과 과학, 기술을 꽃피운다. 자연이 방관자처럼 흘러가며 무질서와 혼돈 속에 머문다면, 도시는 능동적으로 미래를 만들어간다. 그렇기 때문에 우리는 자연의 무질서한 흐름에 몸을 맡기기보다, 도시가 새벽마다 치밀하게 짜인 계획처럼 깨어나 움직이는 모습에서 배워야 한다. 모든 움직임과 선택이 분명한 목적을 가지고 맞물려 돌아갈 때, 비로소 개인과 사회는 진정한 발전과 번영을 이룰 수 있다. 도시의 아침이 그러하듯, 우리의 삶도 의지와 계획 속에서 새로운 가능성을 열어가야 한다.

14장. 어둠 속의 품격

부제: 도시의 밤은 외롭지 않다.

 자연의 밤은 외롭다. 달빛에 젖은 나뭇가지의 미동이나 어둠 속을 미끄러지듯 흐르는 강물은 아름답지만, 그것은 관찰자의 외로움을 되돌려줄 뿐이다. 반면 도시의 밤은, 그 안에서 누군가가 불을 밝혔고, 신호를 만들었고, 길을 설계했다는 사실만으로 위안을 준다. 조용하지만 누군가의 숨결이 배어 있는 공간이 바로 도시의 밤을 특별하게 만든다. 밤이 되면 도시의 불은 꺼지지 않는다. 도로 위의 신호등은 여전히 규칙적으로 점등되고, 보행자의 흐름을 끊지 않기 위해 가로등은 거리 전체를 일정한 간격으로 비춘다. 횡단보도 앞의 점멸 신호, 골목길의 보안등, 아파트 단지의 로비 조명까지. 이 모든 불빛은 밤에도 도시가 작동하고 있다는 증거이자, 나를 향해 열려 있다는 징표이다. 또한 도시는 밤이 되었다고 등을 돌리지 않는다.

오히려 어둠 속에서 더 분명한 의도를 드러낸다. 낮보다 더 명확한 신호, 더 예리한 구조, 더 섬세한 안내가 작동하는 것이다. 그 안에서 누구도 소외되지 않고 누구도 방해받지 않으며, 우리는 목적지를 향해 나아갈 수 있다. 그래서 도시의 밤은 안전하며 따뜻하다고 볼 수 있다. 우리가 안심하고 움직일 수 있는 체계 속에 밤이 있다는 사실, 우리가 미리 만들어놓은 질서 안에 존재할 수 있다는 감각. 이 모든 것은 우리가 서로를 보살피기 위해 만든 문명 체계의 은혜이다. 그러므로 이 밤을 걷는 우리는 결코 혼자가 아니라는 사실, 도시의 밤이 우리를 따뜻하게 맞이하고 있다는 사실을 잊지 말자.

15장. 격리된 감각

부제: 멀어져 있을 때 비로소 떠오르는 구조의 찬란함

 인간은 한 번쯤 세상과 거리를 두고 나서야 비로소 도시가 얼마나 아름다웠는지를 깨닫는다. 군대에서, 병실에서, 혹은 외부와 단절된 좁은 공간에서 우리는 '밖'이라는 단어에 전혀 다른 무게를 느끼게 된다. 닫히는 철문, 도시로부터 격리된 시간, 세상과 멀어진 감각과 고립 속에서, 도시의 숨결을 사무치게 그리워한다. 그러나 도시를 그리워한다는 건 단순한 자유에 대한 갈망만을 의미하지 않는다. 거기에는 도시가 품고 있는 구조적 아름다움에 대한 내밀한 그리움이 숨어 있다. 건물 사이로 부드럽게 미끄러지는 석양의 선, 유리 외벽에 조각처럼 깃든 하늘빛, 고가도로 아래를 흐르는 헤드라이트의 반짝임, 대로를 따라 이어지는 직선의 명료함 같은 도시의 모습들은 평소엔 무심히 지나치기 쉽지만, 막상 그 자리를 떠나고 나면 찬란한 체계로 더욱 선명하게 다가온다.

  도시에서 멀어진 외지의 막사 안에서 올려다본 밤하늘은 유난히 선명하다. 별빛은 또렷하고, 공기는 맑다. 모든 것이 투명하고 고요하다. 그러나 어딘가 결핍된 감각은 쉽게 지워지지 않는다. 그곳에는 도시의 구조도, 도로의 선도, 빛의 리듬도 없다. 침묵은 평온하지만 동시에 방향도 없고, 경계도 없으며, 머물 자리도 없다. 그 고요 속에서 문득 떠오르는 것은 평소엔 무심히 지나쳤던 도시의 풍경들이다. 우리는 그제야 비로소 알게 된다. 그저 편의를 위한 구조인 줄만 알았던 도시의 모든 형태가 사실은 우리의 삶을 견디게 해주던 틀이었음을. 오늘 우리가 걷고 있는 도시의 풍경은 언젠가 닿을 수 없는 그리움이 되어 돌아올지도 모른다. 그러니 오늘, 도시를 걷고 있다면 잊지 말자. 지금 이 순간 우리를 감싸고 있는 이 풍경은 언젠가 닿을 수 없는 향수가 되어 돌아올지 모르기 때문이다.

16장. 회색 기억의 오류
부제: 낭만화된 과거의 실체를 직시하다

 우리는 종종 말한다. "옛날이 더 좋았어." 사람들이 그리워하는 과거는 이슬 머금은 풀잎 사이로 햇빛이 부서지고, 밤이면 별빛이 은은하게 쏟아지던 평화로운 자연의 시절이다. 그러나 '과거'는 낭만적이기만 했을까? 인간이 자연의 품에 머물던 시대를 생각해보자. 숲은 아름답지만, 깊은 위험으로 가득했고, 초원은 광활했지만 안전하지 않았다. 그곳은 인간이 다스리는 세계가 아니라, 짐승과 자연의 논리가 지배하는 세계였다. 사람이 살 수 있는 땅은 극히 한정되어 있었고, 강가나 평지의 작은 공간을 빌려 움막을 짓고 서로를 지키기 위해 울타리를 세워야 했다. 초원의 끝자락에서 인간은 매일 짐승과 긴장 속에 살아야 했고, 밤이 오면 어둠 속에서 들려오는 울음소리에 숨을 죽인 채 살아남아야 했다. 이처럼 자연은 삶을 품어주는 공간이라기보다는 존재를 시험했던 공간이었다. 그러나 인간은 자연의 혹독한 환경 속에서 처음으로 세계를 바꾸기 시작했다. 불을 지피고, 나무를 베고, 땅을 일구어 자신만의 공간을 만들었다. 그렇게 수천 년에 걸쳐 숲을 밀어내고, 강을 다듬고, 계곡을 넘어 문명을 세웠다. 우리가 걷는 매끄러운 인도, 정돈된 거리, 아름다운 건축물은 자연이 열어준 길이 아니라 우리가 오래 싸워온 결과물이다. 우리는 이 세계를 당연하게 받아들이지만, 결코 쉽게 주어진 것이 아니다. 도시에는 인간이 두려움과 혼돈을 이겨내며 세계를 재구성한 기록이 담겨 있으며, 인간 정신이 자연을 넘어선 증거를 보여주고 있다. 그렇기에 우리는 결코 과거를 향한 막연한 향수에 머물러 있어서는 안 된다. 만약 우리가 꿈꾸는 세계가 자연 속에 있다면, 그곳으로 진심으로 돌아가고 싶은지 다시 생각해 보아야 한다. 불편과 위협이 도사리며, 불을 지피고 몸을 숨기며 살아야 했던 세계. 이성보다 본능이 있었고, 평화보다 생존이 있던 세계. 우리는 자연의 시대를 지나 삶의 구조를 스스로 창조하여 자연을 이미 넘어선 존재이며, 본능을 넘어 가치를 선택할 수 있는 존재인

데, 왜 우리는 허상에 가까운 과거에 자꾸만 마음을 빼앗기려 하는 걸까? 어쩌면 그리움은 익숙함에서 오는 위안일지도 모른다. 오늘 우리가 서 있는 이곳, 이 도시의 골목과 거리, 그 속에 담긴 수많은 이야기와 시간의 결을 다시 한 번 바라보자. 도시는 단순한 건축물이 아니라, 인간 정신이 쌓아 올린 가장 위대한 창조물이며, 그 안에서 우리는 끊임없이 새로운 삶의 의미를 만들어가고 있다. 이 섬세한 풍경 위를 걸으며, 우리가 만들어낸 오늘과 앞으로 나아갈 내일을 마주할 용기를 잊지 말자.

17장. 도시의 진화는 계속된다

부제: 변화가 아닌 정련, 그리하여 더 정교해지는 감각

 도시는 지금도 끊임없이 아름다워지고 있다. 변화의 속도는 때로 불안을 동반하지만, 변화의 궤적을 되짚어 보면 도시의 진화는 단순한 외형의 변형이 아니라 삶과 시대가 함께 축적해 온 진화의 결과임을 알 수 있다. 이러한 진화는 특히 건축과 도시 공간의 구조 속에 선명히 드러난다. 흙담과 초가지붕에서 시작된 인간의 거주 공간은 수백 년을 지나 기와집과 목조 건축을 거쳐, 마침내 유리와 강철로 빚어진 공간으로 나아갔다. 이 흐름은 단순한 재료와 기술의 발전을 넘어, 인간이 공간에 부여하는 의미와 쓰임이 어떻게 변화해 왔는지를 보여준다. 바람을 막기 위해 지붕을 만들고, 빛을 조율하기 위해 창을 설계하며, 추위를 막기 위해 구조를 다듬는 일은 시대와 삶의 조건에 맞서 공간을 끊임없이 재해석해 온 흔적이다. 이러한 도

시의 진화는 도시가 인간의 삶을 존중하고, 일상의 품격을 끌어올리기 위해 스스로를 다듬어 온 증거이다. 도시는 과거에 머무르지 않고 미래를 향해 나아간다. 완벽을 꿈꾸면서도 늘 새로워지고, 더 많은 이야기를 품으면서 점점 더 풍요로운 얼굴을 만들어 간다. 우리는 그 안을 살아가는 존재이자 동시에 그 아름다움을 만들어 가는 동반자이다. 도시는 앞으로도 계속 나아가며 진화할 것이다. 천천히, 그러나 분명히. 그리고 그 움직임 속에는 우리가 걸어온 시간만큼의 고귀한 아름다움이 쌓여 갈 것이다. 그리고 그것은 시대와 인간, 삶과 욕망이 서로를 비추며 함께 진화해 온 정신의 축적이자 시간의 결실이 될 것이다. 우리는 그 진화의 한가운데에 있으며, 도시 역시 우리의 삶을 품으며 계속해서 진화할 것이다.

18장. 문명의 온기

부제: 당연해진 기술과 질서 속에서 감사를 회복하다

 문명의 축복은 오직 그 진가를 알아차리는 자의 마음에만 깊이 스며든다. 우리는 매일 전등 아래서 책장을 넘기고, 따뜻한 물로 온몸을 감싸며, 기계가 정성껏 세탁한 옷을 입는다. 에스컬레이터가 끊임없이 움직이고, 자동차가 길 위를 달리는 풍경 속에 둘러싸여 있지만, 이 거대한 질서의 신비를 우리는 너무나도 당연하게 받아들인다. 그러나 잠시 눈을 돌려 바라본다면, 우리의 일상은 기적에 다름없다는 사실을 깨닫게 될 것이다. 자동문이 스르르 열리는 찰나의 순간, 건축물에 숨겨진 정교한 설계, 교차로의 신호등이 조화롭게 조율하는 흐름, 한 잔의 커피를 완성하기 위해 분주히 움직이는 무수한 손길과 복잡한 공급망, 꺼지지 않는 조명과 멈추지 않는 엘리베이터, 정확한 간격으로 도착하는 열차의 규칙적인 발걸음까지. 이 모든 것은 무수한 이들의 땀과 지혜가 쌓여 이루어진 인간 정신의 위대한 합작품이다. 우리는 이 섬세하고도 숭고한 질서 앞에 경외심을 가질 줄 알아야 한다. 문명이란 바로 그런 경이로움을 품은 자에게만, 비로소 축복으로 다가오기 때문이다. 그러니 오늘부터 우리의 삶을 이루는 모든 구조와 공간 안에서 숨겨진 경탄의 순간들을 찾아보자. 길게 드리워진 가로등 불빛을 따라 걸으며, 기계의 리듬 속을 지나 도시의 맥박을 느끼며, 이 세계가 얼마나 치밀하고도 아름답게 설계된 공간인지 음미해 보자. 지금 우리가 걷는 이 길은 결코 우연도, 당연함도 아니다. 그 안엔 우리가 미처 다 알지 못한 노력과 지혜가 숨 쉬고 있다.

19장. 살아있는 신화

부제: 고대의 탑보다 경이로운 오늘의 도시

 사람들은 이집트의 피라미드나 바벨탑 같은 고대 건축물 앞에서는 경외심을 느끼면서, 정작 오늘날의 도시 경관 앞에서는 고개를 돌린다. 수천 년 전 인간이 쌓아 올린 구조를 보기 위해 먼 나라까지 비행기를 타고 가면서도, 지금 우리 발밑에 펼쳐진 현대 도시의 질서와 생명력에는 좀처럼 감탄하지 않는다. 물론 피라미드는 경이로운 유산이다. 그러나 우리가 진정 경외해야 할 것은, 과거의 유물이 아니라 지금 이 순간 살아 숨 쉬는 도시다. 피라미드는 거대했지만, 오늘의 도시는 그보다 훨씬 더 복잡하고 정밀하게 움직인다. 고대의 탑이 수천 명의 노동력과 몇십 년의 시간으로 완성되었다면, 현대의 도시는 수억 명의 지식과 기술, 에너지와 통신이 실시간으로 맞물려 작동하는 정교한 생명체다. 아침이면 정해진 시각에 열차가 도착하고, 신호등은 수십만 대의 차량 흐름을 혼란 없이 조율한다. 빌딩마다 엘리베이터가 쉼 없이 오르내리고, 병원에서는 수술용 로봇이 생명을 다룬다. 물류는 전 세계를 하나의 맥박처럼 연결하고, 정보는 빛의 속도로 도시를 관통한다. 이토록 정교한 질서 속에서 살아가고 있다는 사실이야 말로 우리가 쉽게 지나쳐선 안 될 문명의 얼굴이다. 그래서 우리는 과거의 유산을 보존하는 것만큼이나, 지금 이 시대의 찬란함을 인식하고 경외하는 일을 잊지 말아야 한다. 우리는 지금, 역사상 가장 복잡하고 위대한 구조물 위를 걷고 있으며, 그것은 누군가의 설계에서 비롯되었고, 무수한 손길과 사유로 유지되고 있는 중이다. 피라미드가 불멸의 왕을 위해 지어졌다면, 도시는 지금 이 순간을 살아가는 우리 모두를 위해 존재하고 있다. 그러니 과거 앞에서 멈춰 섰던 그 감정을 오늘의 도시에도 허락하자. 우리의 일상은, 인류가 만든 가장 거대한 기념비 위에서 흘러가고 있다.

20장. 꿈이 이룬 세계
부제: 과거의 사람들이 바라던 미래 위를 걷는 일상

 우리는 지금, 누군가의 오래된 꿈 위를 걷고 있다. 상상 속에만 존재하던 것들이 현실이 되었고, 믿기 어려웠던 기술들은 이제 도시의 일상 속에 깊이 스며들었다. 스스로 움직이는 기계는 복잡한 교차로를 유연하게 가로지르고, 빛보다 빠른 통신은 대륙과 대륙 사이를 쉼 없이 오가며, 사람의 손 하나 닿지 않아도 도시는 저마다의 방식으로 질서를 유지한다. 정해진 시각에 도착하는 열차는 하루 수백만 명의 이동을 가능하게 만들고, 촘촘히 얽힌 도로 위를 흐르는 차량들은 마치 도시의 혈관처럼 끊임없이 움직이며, 고층 빌딩을 오르내리는 엘리베이터는 수직의 시간을 단 몇 초 만에 연결한다. 이 모든 것은 과거 사람들이 감히 상상조차 하지 못했던 미래의 모습이다. 그러나 우리는 어느새 이 놀라운 변화에 너무 익숙해져 하늘을 나는 비행기조차 올려다보지 않는다. 그렇게 익숙함에 무뎌진 우리는 때로 도시가 품은 꿈과 움직임을 잊곤 한다. 하지만 과거의 사람들이 간절히 그렸던 삶은 바로 오늘 우리가 사는 이 일상 안에 있다. 빛이 어둠을 몰아내고, 벽과 지붕이 바람과 비를 막아주며, 기계가 스스로 청소하고 버튼 하나로 온기를 조절하는 일상. 우리가 스쳐 지나가는 거리와 철과 유리로 엮인 빌딩, 미끄러지듯 가로지르는 도로망, 손끝 하나로 이어지는 무수한 연결망. 그 모든 것들은 그들의 희망이었고, 불확실한 내일에도 꺼지지 않았던 불씨였다. 우리가 마주하는 오늘의 도시와 그 속 움직임들에는 수많은 시간과 노력이 깃들어 있음을 잊지 말아야 한다. 눈앞의 구조물보다 먼저 그 안에 담긴 시간과 마음을 떠올리고, 움직이는 사물보다 먼저 그것을 움직이게 한 손길들을 기억해야 한다. 과거의 꿈들이 오늘의 현실이 되었듯, 오늘 우리가 품는 작은 상상들이 언젠가 또 다른 미래를 만들어낼 것이다. 그러니 우리는 단순히 이 도시를 살아가는 이들이 아니라, 그 꿈을 이어가며 새로운 내일을 함께 그려나가는 존재임을 늘 마음에 새기자.

21장. 하나의 리듬
부제: 횡단보도를 흐르는 인간 정신의 무언의 합의

 횡단보도 앞에는 각기 다른 목적을 품은 수많은 사람들이 조용히 멈춰 서 있다. 모두가 서로 다른 방향을 바라지만, 신호가 바뀌기를 함께 기다린다. 그리고 신호가 바뀌면, 마치 오래전부터 약속이라도 한 듯 모두가 동시에 움직이기 시작한다. 그 움직임은 단순한 군중의 흐름이 아니다. 각기 다른 속도로 걷고, 표정도 제각각인 그 발걸음들은 하나의 리듬과 구조, 생명을 만들어낸다. 어떤 이는 서두르고, 어떤 이는 여유롭게 걷는다. 무심히 휴대전화를 들여다보는 사람도 있고, 미소를 머금은 사람도 있다. 이처럼 수십 명의 인파가 서로 부딪히지 않고 부드럽게 교차하며 이어지는 모습은 인간 정신이 만들어낸 놀라운 조화다. 이 질서는 누군가의 지시나 강제가 아닌, 모두가 묵묵히 지켜온 묵계에서 비롯된다. 짧은 횡단보도 위의 몇

걸음 속에도 수백 년에 걸쳐 쌓여온 윤리와 신뢰, 규칙이 녹아 있다. 우리는 그걸 무심히 지나치지만, 그 발걸음 뒤에는 수많은 세대가 쌓아 올린 무언의 약속이 고요히 숨 쉬고 있다. 사람들의 움직임을 바라보며 나는 문득 깨닫는다. 이 도시에는 신뢰의 결이 흐르고 있으며, 그 위에서 서로를 믿고 함께 만들어가는 우리의 일상이 얼마나 소중하고 기적 같은지 말이다.

22장. 도시의 얼굴

부제: 절제와 열정, 질서와 본능이 공존하는 풍경

 도시는 언제나 제 자리에 있지만, 결코 한 가지 모습만을 지니지 않는다. 지역마다, 거리마다, 장소마다, 시간마다 전혀 다른 표정을 짓는다. 따라서 우리는 도시의 다양한 얼굴을 읽어내는 법을 배워야 한다.

 아침, 도시가 서서히 깨어날 때 이성적이고 질서 정연한 세계가 펼쳐진다. 사람들은 출근길에 맞춰 정해진 시간에 움직이고, 신호등은 정확한 리듬으로 교차로의 흐름을 조율한다. 빌딩 사이로 비치는 햇살은 차분하게 도시를 감싸고, 카페에서는 한 잔의 커피와 함께 하루 계획을 정리하는 이들의 모습이 보인다. 이러한 질서와 조화 속에서 사람들은 저마다의 목적지를 향해 희망과 걱정, 설렘과 무거움을 품고 하루를 시작한다. 하지만 밤이 되면 도시는 전혀 다른 얼굴로 변신한다. 네온사인이 거리 곳곳을 화려하게 물들이고,

바에서 흘러나오는 음악은 감각의 깊은 곳을 건드린다. 밤거리에는 억눌렸던 욕망과 충동이 자유롭게 흘러넘치고, 사람들은 빛과 그림자 사이에서 본능에 이끌려 움직인다. 고요했던 낮과 달리, 어둠 속에서 도시의 숨겨진 심장이 힘차게 뛰기 시작하고. 그 심장은 거친 감각과 자유로운 에너지로 밤의 리듬을 만들어내며, 낮과는 또 다른 생명력을 도시에 불어넣는다.

 도시의 얼굴은 시간뿐 아니라 장소에도 영향을 받는다. 대학가는 다듬어지지 않은 가능성의 기운으로 가득하다. 미완성의 언어와 자유롭게 흩어지는 감정들, 아직 결말에 닿지 않은 수많은 서사들이 공간을 진동시킨다. 변화는 언제나 이곳에서 시작되고 도시의 미래도 이 느슨한 에너지 속에서 꿈틀거린다. 반면 부촌은 차분한 품격으로 도시의 또 다른 얼굴을 보여준다. 넓고 깨끗한 거리, 치밀하게 다듬어진 조경, 여백을 두고 설계된 건축물들이 절제된 아름다움을 드러낸다. 넘치지도 모자라지도 않는 정제된 조화 속에서, 도시가 축적해온 세련미와 고요한 품격이 은은하게 빛난다. 증권가는 욕망과 효율이 교차하는 공간이다. 감정은 철저히 억제되고, 모든 욕망은 숫자와 논리로 환산되어 투명하게 드러난다. 무표정한 얼굴들 사이로 흐르는 긴장과 냉정한 희망은, 이곳이 감정이 아닌 숫자와 논리로 움직이는 세계임을 일깨운다. 빈민가로 발걸음을 옮기면, 또 다른 도시의 표정이 뚜렷하게 드러난다. 정돈되지 않은 골목과 삐걱거리는 간판, 거칠게 엮인 일상의 조각들 사이로, 다듬어지지 않은 생명력이 거침없이 모습을 드러낸다. 정제되지 않은 삶의 결이 날것 그대로 맞물리는 이 거리에서, 도시의 가장 본능적인 에너지가 힘차게 꿈틀거린다. 먹거리 골목은 후각과 미각이 열리는 공간이다. 불꽃 튀는 조리대에서 피어나는 기름 냄새, 왁자지껄한 목소리들이 도시와 인간을 감각적으로 연결한다.

  우리가 도시에 끌리는 이유는 끊임없이 변화하며 숨 쉬는 다층적인 얼굴들 때문이다. 각기 다른 표정 속에서 우리의 일상은 서로를 비추며 새로운 이야기를 만들어 낸다. 그렇게 도시는 늘 우리 곁에 머물며, 수많은 이야기를 속삭이고 새로움을 품어내면서도 오래도록 변함없이 존재할 것이다.

23장. 직조된 세계

부제: 도시의 결은 기술과 예술, 노동의 섬세한 직조물

　도시는 단순히 실용을 위해 존재하지 않는다. 우리가 살아가는 공간은 겉으로 드러나는 구조물의 총합이 아니라, 그 너머에 얽힌 수많은 상상력과 손길, 그리고 시간이 켜켜이 쌓여 이루어진 복합적이며 상호연결된 구조를 지닌다. 도시가 단순한 구조물의 집합을 넘어서는 이유는, 도시 속 건물, 거리, 다리, 광장 같은 공간이 단지 기능을 수행하기 위해 만들어지는 것이 아니라, 사람들의 상상에서 시작되어 손길과 시간이 차곡차곡 쌓여 완성되기 때문이다. 한 사람의 머릿속에서 떠오른 상상은 도면으로 그려지고, 재료와 기술, 노동의 협업을 거쳐 물리적 형태로 구체화된다. 한 시대의 사고방식과 감각, 삶의 방식이 스며들며, 도시는 단순한 설계를 넘어서는 의미를 지닌다. 이러한 축적이 반복되면서, 도시는 계산만으로 설명할 수

없는 복잡성과 감응의 밀도를 갖게 된다.

 건축은 도시 정신을 가장 응축한 조형물이다. 건축물은 단순한 거주나 기능을 넘어, 설계자의 상상과 장인의 손길을 품어 오랜 시간의 흔적을 공간의 깊이에 더한다. 빛을 끌어들이는 창문의 위치와 크기, 재료 선택, 곡선을 살린 천장과 외벽의 곡면에는 설계자의 고민과 장인의 섬세한 손길이 녹아들어 공간을 완성하고, 수십 수백 년에 걸친 보수와 변형 속에서, 건축물은 끊임없이 살아 있는 역사를 쌓아가며 도시의 정신을 드러낸다.

 다리는 단순히 건너는 기능을 넘어, 도시를 연결하는 서사적 장치가 된다. 아치의 유려한 곡선은 안정성과 미학을 동시에 만족시키고, 케이블과 기둥의 긴장감은 도시의 리듬을 만들어 낸다. 다리는 과거와 현재를 잇는 시간의 매개체로서, 수많은 발걸음과 이야기 속에서 존재감을 더한다. 각 구조 요소에는 설계자의 상상과 기술자의 계산, 노동자의 손길이 쌓인다. 여기에 시간이 덧입혀지며, 구조는 도시의 기억과 감각으로 살아난다.

 보도와 타일도 단순한 이동 수단이 아니다. 배치와 색감, 질감은 도시의 감각을 조율하는 예술이며, 걷는 이의 발걸음을 기록하며 도시의 기억을 담아낸다. 매일 무심히 쌓이는 발걸음 속에서 보도는 수많은 이야기와 시간을 품은 도시의 피부가 된다.

 건축, 다리, 보도 등 도시를 이루는 모든 공간과 요소는 상상력과 손길, 시간이 켜켜이 쌓여 만들어진다. 이러한 층위들이 서로 유기적으로 얽히며 도시는 단순한 기능의 집합을 넘어 살아 숨 쉬는 하나의 유기체가 된다. 바닥에서 벽과 지붕을 넘어 하늘까지 뻗어가는 복합성은 도면이나 수치로 환원할 수 없는 인간 정신과 감각의 흔적인 셈이다. 도시에 발을 내딛으면, 그 속에 담긴 수많은 이야기와 시간을 함께 느끼게 된다. 발걸음을 따라 건물과 거리, 다리와 보도는 각각의 이야기를 속삭이며 반짝이는 세계로 살아난다. 걸음마다 남겨진 기억과 흔적은 도시의 피부를 이루고, 모든 요소가 서로 얽혀 하나의 이야기를 만들어낸다. 우리가 그 이야기를 주의 깊게 바라볼수록, 평소에는 무심히 지나치던 공간도 의미와 생기를 얻게 될 것이다. 매일 걷는 길과 지나치는 공간은 단순한 일상의 일부가 아니라, 한 시대의 기억이자 끝없는 상상과 창조의 흔적으로 살아 숨 쉰다는걸 잊지 말자.

24장. 소유하지 않고 누리는 법
부제: 도시의 모든 아름다움은 열려 있다

 도시를 걷다 보면 가끔 발걸음을 멈추게 하는 건물을 마주친다. 유리의 투명한 결, 섬세하게 조각된 외벽, 우아하게 솟은 선과 면이 조화를 이루며, 그 자체만으로 눈길을 사로잡는다. 우리는 잠시 그 아름다움에 빠져 "저 건물이 내 것이었으면" 하는 욕심을 품게 된다.

 그러나 그 욕심이 사라지고 나면, 곧 깨닫게 된다. 비록 건물이 내 것이 아니더라도, 그 아름다움은 나를 포함한 모두의 것이며, 누구나 감탄하고 즐길 수 있다는 것을. 소유하지 않아도 누릴 수 있는 즐거움이 있다는 사실은 오히려 마음을 한결 가볍게 한다.

 진정한 소유란 손에 쥐는 것이 아니라, 마음으로 느끼는 것이다. 고급스러운 창 너머로 펼쳐진 삶에 주눅 들 필요도 없고, 높이 솟은 건물이 내 것이 아니라는 사실에 부러워할 이유도 없다. 우리가 그 앞에서 감탄하고, 그 기억을 마음속에 간직하는 순간, 이미 그 건물의 아름다움은 우리 것이 된다. 물질의 한계를 넘어서는 소유, 그것이야말로 더 깊고 오래 남는 재산이다.

  모든 건축물은 단순히 누군가의 소유물이 아니라, 인간이 남긴 정신과 시간의 흔적이다. 그 앞에 선 우리는 잠시나마 소유를 넘어선 경험을 하고, 그 경험 속에서 더 넓은 시야와 깊은 마음을 얻게 된다. 도시를 걷다 만난 한 건물이 우리에게 던지는 선물은 결국 건물 그 자체가 아니라, 그것을 바라보며 일어나는 우리의 감정과 깨달음이다. 그래서 아름다움은 누구의 것도 아니면서, 동시에 우리 모두의 것이 된다.

25장. 시간의 결을 걷다
부제: 공간 위에 축적된 시간을 감각하는 법

 거리를 걷다 보면 문득 발걸음이 멈추는 순간이 있다. 무언가 특별한 이유가 있어서가 아니다. 오래된 벽의 균열 사이로 자라난 풀 한 포기, 누군가 손때 묻힌 난간, 시간이 만든 색 바랜 벽화가 조용히 말을 건다. 익숙함 속에서 낯선 감각이 깨어나고, 우리는 그 앞에서 잠시 시간을 되새긴다. 이렇듯 도시의 시간은 눈에 띄지 않게, 그러나 분명하게 우리 곁을 지나간다. 도시를 구성하는 것은 건물이나 도로, 사람만이 아니다. 그곳을 살아낸 '시간의 표정'이 도시의 진짜 모습을 만든다. 누군가 오래전 머물렀던 자리, 지나간 계절의 흔적, 들리지 않는 목소리가 도시의 이면에 남아 있다. 겉으로는 바쁘게 변하고 있지만, 그 아래엔 여전히 어제의 조각들이 남아 우리를 바라본다. 그래서 도시를 걷는다는 것은 단순한 공간 이동이 아니라,

시간의 깊이를 더듬는 일이다. 아무 일도 없는 골목길에도 어쩐지 이야기가 서려 있고, 낡은 의자 하나에도 삶의 잔상이 배어 있다. 우리가 도시를 지나간다고 생각하지만, 실은 도시가 우리를 품고 있는 것인지도 모른다.

 도시에는 '멈춘 시간'이 있다. 누구도 다시 들춰보지 않는 창고, 간판만 남은 오래된 가게, 이제는 방향을 잃은 계단 같은 곳. 사람들의 발길이 닿지 않는 그 자리에 오히려 시간이 진하게 남아 있다. 그런 공간을 마주할 때마다, 도시가 기억을 지우지 않고 간직하고 있다는 사실을 새삼 깨닫는다. 그 기억은 비워진 자리에 머무르며, 우리가 다시 지나가기를 조용히 기다리고 있다. 새로운 풍경만 좇는 눈으로는 도시의 결을 읽을 수 없다. 낡았다고 사라지는 것이 아니고, 버려졌다고 끝나는 것도 아니다. 도시의 시간은 그렇게, 균열과 바랜 표면 속에서 조용히 이어진다. 그리고 우리는 그 시간의 일부로, 오늘을 살아가고 있는 것이다. 걷는다는 것은 곧 느끼는 일이다. 도시가 품은 이야기들은 언제나 낮은 곳에 있다. 눈앞을 스쳐 지나가지만, 그 모든 풍경은 우리 안에 무언가를 남긴다. 우리는 때로 그것을 기억이라 부르고, 때로는 정서라 부른다. 분명한 것은, 그 모든 순간이 도시와 우리 사이의 관계를 조금씩 깊게 만든다는 사실이다. 그리고 그 순간순간을 알아보는 눈을 가질 때, 우리는 단순히 도시를 살아가는 것이 아니라, 도시와 함께 살아가게 된다.

2부

도시를 노래하다

1장. 도시의 아침

부제: 빛으로 건설되는 구조의 교향곡

  도시의 아침은 어둠을 밀어내는 빛의 지휘 아래 정교하게 작동하는 거대한 구조물의 기지개처럼 움직이기 시작한다. 밤의 불확실함을 물리친 햇살은 거리 곳곳에 질서를 흘려보내고, 높고 낮은 구조물들은 마치 오케스트라의 악기들처럼 각자의 자리를 찾아가며 하루의 전주곡을 연주한다. 고층 빌딩의 유리창은 빛의 각도에 따라 윤곽을 되찾고, 아스팔트 위의 도로는 방향과 속도를 정립하여 움직임을 예비하며, 창을 뚫고 들어온 햇살은 사무실 책상 위를 각도에 따라 정교하게 구획 하고, 도로에 균등한 명암을 새겨 넣는다.

그렇게 준비된 무대 위로, 도시의 리듬이 천천히 연주되기 시작한다. 교차로는 고요한 긴장을 품은 채 신호등의 지시에 맞춰 색을 바꾸며, 버스는 정해진 분 단위에 맞춰 도착과 출발을 반복하고, 발소리 하나하나도 도시라는 악보 위에 정확히 음표처럼 새겨진다. 지하철역의 에스컬레이터는 끊임없이 사람들을 실어 나르며 일정한 속도로 리듬감 있게 오르내리고, 환승 구간의 곡선과 직선은 복잡해 보이지만 사람들을 자연스럽게 안내하는 정교한 미로로 작동하며, 거리 상점의 셔터는 정해진 순서와 시간에 맞춰 정확히 올라가 도시의 질서와 시간을 시각적으로 드러내고, 커피머신의 규칙적인 기계음은 마치 기상의 신호처럼 하루의 시작을 알린다.

 이렇듯 이른 아침의 도시는 살아 있으면서도 하나의 완성된 프로그램처럼 작동하고, 우연보다는 구조가, 감정보다는 목적이 먼저 깨어나며, 모든 것이 정돈된 시작 안에서 정해진 호흡을 이어간다. 그렇게 희미했던 밤의 경계는 점차 지워지고, 빛은 궤도를 따라 도시를 순차적으로 깨우며, 질서 속에 조용히 번져가는 이 움직임은 무언의 합주처럼 우아하게 하루를 열어젖힌다.

2장. 도시의 밤

부제: 어둠 속에서 피어나는 인간의 서사

 도시의 밤은 하루의 끝이 아니라, 또 다른 세계의 서막이다. 낮의 규칙과 질서가 천천히 막을 내리면 도시는 감각과 유희의 무대로 조용히 탈바꿈한다. 햇살 아래 감춰졌던 감정들이 서서히 고개를 들고, 단단하게 정렬되어 있던 구조는 은밀하고 유동적인 선으로 바뀐다. 유리창에 비친 네온사인은 물결처럼 일렁이며 미끄러지고, 빌딩 외벽을 타고 흘러내리는 조명은 도심 위를 유영하는 은하수처럼 도시를 감싼다. 도로 위 차량들의 헤드라이트는 별자리처럼 이어지고, 간판의 불빛은 단순한 안내를 넘어 거리 전체에 은은한 분위기를 만들어낸다. 낮 동안 정교히 설계된 동선은 밤이 되면 해체되어, 사람들은 각자의 감정에 따라 유영하듯 걸음을 옮긴다. 누군가는 바의 문을 열고 들어가고, 또 누군가는 창밖을 멍하니 바라보다 일어나며,

정해지지 않은 길 위를 걷는 이도 있다. 저마다의 이유로 움직이는 발걸음들은 결국 한데 모여 도시의 밤이라는 거대한 흐름을 이루고, 낮에는 이름 없던 창 하나에도 불빛이 켜져 거리는 또 다른 얼굴을 드러낸다. 거리의 웃음소리와 조용한 발소리는 어둠을 따라 번지며 낮과는 다른 질서로 풍경을 정돈한다. 그렇게 도시는 어둠 속에서 비로소 조용히 자신을 드러낸다.

그러나 도시의 밤이 진짜 품고 있는 것은 화려한 풍경이 아니라 그 속에 스며든 수많은 마음이다. 낮보다 훨씬 솔직해진 밤은 하루 동안 눌러 담았던 진심들을 조명의 온도 아래 천천히 녹이며 흘려보내고, 그 감정들은 마치 화장을 지운 얼굴처럼 겉치장을 걷어낸 도시의 본색을 보여준다. 그렇게 드러난 고요함은 단순한 정적이 아니라, 절제된 감각과 말 없는 교감이 어우러진 섬세한 흐름이 되고, 본능은 공간 속을 조용히 채워나간다.

은은한 조명 아래 놓인 한 잔의 술 너머로 오가는 말들은 사무실의 회의보다 훨씬 더 솔직하고 명료하다. 낮 동안 삼켜졌던 감정들이 잔잔한 음악 속에서 조심스레 건너가고, 서로 마주한 시선은 검은 벨벳 위에 올려진 보석처럼 깊고 단단하다. 말보다 많은 것을 담은 침묵이 공간을 채우고, 감정은 더 이상 숨지 않은 채 조용히 서로에게 스며든다. 창가에 비친 희미한 불빛, 테이블 위를 타고 흐르는 유리잔의 그림자, 잔 위에 머무는 손끝과 조명의 미세한 떨림까지, 이 모든 섬세한 디테일들이 서로의 진심을 감싸듯 이어진다. 도시의 밤은 그 감정들을 흐트러뜨리지 않고 고요히 받아 안으며, 그렇게 감각과 감정이 뒤섞이는 시간 속에서 도시는 본래의 얼굴을 드러낸다. 도시의 밤은 장식이 아니라 고백이며, 연출이 아닌 존재가 되어 조용히 숨을 쉰다.

3장. 네온사인
부제: 도시가 발화하는 감각의 문장

 낮의 도시는 견고한 뼈대 위에 서 있다. 건물과 도로, 격자 무늬 위에 놓인 사람들의 움직임은 마치 잘 짜인 악보처럼 흐르고, 이정표들은 음표를 따라 방향을 속삭인다. 그러나 해가 저물고 어둠이 도시를 감싸면, 그 구조의 언어는 잠시 숨을 고르고, 또 다른 언어가 빛으로 피어난다. 그 중심에 선 것은 네온사인이다. 네온은 단순한 불빛이 아니라, 도시가 낮과는 다른 음색으로 속삭이는 시다. 유리창을 타고 흘러내리는 빛의 곡선은 춤추는 바람처럼 부드럽게 흔들리고, 건물 외벽을 따라 퍼지는 빛의 파장은 잔잔한 바다 위 물결처럼 도시 전체를 포근히 감싼다. 깜빡이는 리듬과 촘촘한 빛의 밀도는 낮 동안 감춰졌던 감각의 문장으로 천천히 피어나며, 도시의 밤을 새로운 언어로 채운다.

네온의 언어는 말보다 가볍고, 그림보다 선명하다. 붉은 빛은 심장의 고동을 담아 생명을 일깨우고, 푸른 빛은 고요한 바다처럼 마음을 관조하게 하며, 하얀 빛은 현실과 꿈의 경계를 흐릿하게 만든다. 어떤 이는 초록빛 아래서 잊었던 다정함을, 어떤 이는 노란 빛 속에서 오래된 따스함을 떠올리고, 또 누군가는 보랏빛 벽 앞에 서서 자신의 내면에 깃든 깊은 상념과 마주한다. 네온은 별도의 말 없이도 마음을 깨우며, 그 빛에 물든 감정들은 하나둘씩 도시의 밤을 다시 그려낸다. 결국 도시는 이러한 밤의 네온으로 자신을 온전히 드러내며, 감정의 파편과 기억의 잔상, 무의식의 결까지 담아낸다. 아무리 기술이 정교해지고 더 세련된 빛이 등장해도, 네온이 남긴 이 감각의 문장들은 도시 어둠 속에서 쉽게 사라지지 않으며, 그 빛 아래 흘렀던 감정들은 별보다 오래도록 도시의 기억 저편에 반짝이며 살아남을 것이다.

4장. 건축
부제: 도시가 스스로를 말하는 방식

 도시는 건축으로 자신을 말한다. 소리 없이, 그러나 또렷하게. 건축은 도시가 세상에 남기는 문장이며, 인간이 시간 위에 눌러쓴 기록이다. 건축의 문장들은 삶의 움직임을 품고, 감정의 구조로 조립된다. 하늘을 찌를 듯 솟은 고층 빌딩은 도시의 의지를 담은 선언문처럼 자리하고, 일정한 간격으로 정렬된 창은 호흡을 고르게 하는 문장 부호처럼 도시의 질서를 정돈한다. 입면을 따라 흐르는 선은 문장의 어조가 되고, 재료의 질감은 목소리의 색채가 된다. 벽의 두께는 말의 무게를 품고, 기둥의 간격은 문장의 운율을 조율한다. 건축은 그렇게, 형태에 의미를 담아 도시의 감정을 문장으로 남긴다.
 그리고 우리는 그 문장을 읽는 독자가 된다. 건축물이 만들어낸 공간을 걷는다는 것은 곧 건축 언어를 몸으로 느끼는 경험이다. 높은 천장을 올려다보면 그곳에서 문장의 강세가 살아나고, 낮은 처마 아래에 서면 쉼표처럼 잠시 멈추게 된다. 곡선은 부드러운 말투처럼 다가오고, 대칭은 조용한 확신을 전한다. 빛과 그림자가 어우러져 공간에 깊이를 더하며, 재료의 질감은 촉감으로 조용히 말을 건넨다. 벽과 기둥은 무게감 있는 리듬을 이루고, 반복된 발걸음에 닳아 반들반들해진 계단과 햇살에 바랜 벽면, 손때 묻은 기둥은 시간의 흔적을 고스란히 담아낸다. 이렇게 건축은 눈에 보이는 형태를 넘어 감정과 시간을 품으며 우리와 소통한다. 과거형 문장이 현재의 구조와 포개지고, 아직 쓰이지 않은 문장이 그 위에 여백처럼 놓이면서 건물은 물성을 넘어 하나의 뜻이 되어간다. 그렇게 의미는 구조 너머로 확장되고, 도시의 말은 단순한 표현을 넘어서 우리에게 시간과 기억, 그리고 삶의 무게를 전하게 된다.

5장. 거리
부제: 인간의 리듬이 새겨진 구조적 시

 거리는 단순한 통행로가 아니다. 시간과 감정이 켜켜이 쌓여 숨 쉬는 공간이며, 계절은 그 위에 매번 새로운 표정을 그린다. 봄이면 부드러운 햇살과 싱그러운 바람이 거리를 감싸고, 여름이면 뜨거운 열기와 북적이는 사람들의 목소리가 골목마다 넘실댄다. 가을의 낙엽은 바스락거리는 소리로 거리 전체에 울림을 만들고, 겨울이 오면 차가운 공기와 고요함이 발자국 하나하나에 깊은 이야기를 새긴다. 이렇게 계절이 흐르는 동안 거리의 감각도 끊임없이 변화하며, 그 안에는 빠르게 지나치는 발걸음과 느릿하게 머무는 걸음, 스치는 인연과 깊어지는 만남이 어우러져 살아 있는 서사를 만들어낸다. 사람들의 목적과 감정이 얽힌 수많은 순간들이 거리 위에 차곡차곡 쌓이며, 우리는 그 위를 걸으며 또 하나의 이야기를 보태 간다.

이처럼 다채롭고 복잡한 삶의 흐름 뒤에는 보이지 않는 섬세한 손길이 있다. 설계자의 시선은 거리의 너비를 결정하고, 기술자의 손끝은 바닥재 하나까지도 신중히 고른다. 도로와 인도를 가르는 턱의 높이, 보도블록의 배열과 질감까지. 이 모든 것에는 사람을 향한 배려와 도시를 향한 철학이 담겨 있다. 그렇게 정성스럽게 쌓아 올린 거리의 구조와 미학은, 그 자체로 하나의 깊은 이야기가 된다. 걷는다는 것은 단순한 이동이 아니다. 그것은 도시가 품은 시간과 기억, 그리고 수많은 손길이 만들어낸 미묘한 감각들을 몸으로 느끼고 되새기는 일이다. 우리는 그 길 위에서 도시의 운율을 따라 걸으며, 저마다의 감정을 얹어 또 다른 장면을 천천히 써 내려간다.

6장. 광장
부제: 질서와 자유가 공존하는 열린 문장

  도시의 광장은 늘 열려 있다. 사방에서 모여든 발걸음이 교차하고, 아이들의 웃음소리는 바람에 섞여 흩어진다. 어디선가 흘러나온 선율이 공기를 가볍게 흔들며 광장 위를 맴돌고, 벤치에 앉은 노인은 그 풍경을 오랫동안 바라본다. 움직임과 멈춤, 소리와 침묵이 한자리에 나란히 놓이며, 광장을 오가는 이들은 저마다 다른 길을 걷는다. 누군가는 시간을 좇듯 바삐 지나가고, 또 다른 이는 여유롭게 머무르며 풍경을 음미한다. 그러나 빠름과 느림은 부딪히지 않고, 소란과 고요 또한 서로를 해치지 않는다. 이질적인 리듬이 어우러져 하나의 흐름을 만들며, 광장은 마치 오케스트라처럼 각기 다른 음색을 부드럽게 조율한다. 그렇게 태어난 자유는 방임이나 무질서가 아니라, 눈에 보이지 않는 규율과 배려 위에 세워진 것이다. 누구도 길을 막지 않고, 멈춘 이의 고요를 침범하지 않으며, 작은 존중들이 차곡차곡 쌓여 광장은 혼란이 아닌 질서를 드러낸다. 그 속에서 삶은 흩어지지 않고, 하나의 풍경으로 엮인다.

　광장은 단순한 만남의 자리를 넘어, 도시의 심장이며 삶이 연주되는 무대가 된다. 사람들은 스쳐 지나가며 서로를 알아보고, 때로는 짧은 인연을 남기고, 때로는 말없이 나란히 머문다. 자유란 고립 속에서 피어나는 환상이 아니라, 타인과 나눈 질서 위에서만 비로소 완성된다는 것을, 광장은 아무 말 없이 가르친다. 멈춤과 출발이 이어지고, 고독과 군중이 교차하며, 각자의 삶이 합쳐져 하나의 리듬을 만들어낼 때, 광장은 조용히 숨 쉬며 우리를 길 위로 부른다. 그 리듬 속에서 도시는 살아 있고, 우리는 또다시 살아간다.

7장. 광장 Ⅱ
부제: 광장, 도시의 심장

 아침, 햇살이 광장을 살짝 비추자 사람들의 발걸음이 하나둘 모인다. 아이들이 공을 차며 내는 소리, 연인들의 낮은 속삭임, 분주히 오가는 사람들의 움직임이 광장 중심에서 작은 진동을 만든다. 그리고 그 파동은 심장에서 혈액이 흘러나가듯 도시 속으로 퍼져나간다.
 아이들의 발자국이 잔디 위를 두드리고, 연인들의 몸짓이 가볍게 흔들릴 때, 광장의 박동은 서서히 힘을 얻는다. 작은 움직임이 겹쳐지는 순간마다 진동은 건물과 거리, 골목과 상점까지 스며들고, 사람들의 발걸음과 손짓이 그 흐름을 따라 자연스럽게 이어진다. 광장은 중심에서 힘을 모아, 도시 전체로 에너지를 내보내는 심장처럼 살아 움직인다.
 정오가 가까워지며 박동은 점점 더 선명해진다. 광

장의 중심에서 울리는 작은 진동이 사람들을 더 활발하게 움직이게 하고, 그 움직임은 다시 박동을 강화한다. 아이들이 뛰고, 연인들이 손을 잡고 걷고, 시장의 상인들이 손님을 맞이하는 모든 행동이 서로 얽혀 하나의 리듬을 만든다. 그 박동이 건물, 골목, 거리 곳곳으로 전달되며, 도시 전체가 숨을 고르고 맥을 맞추는 듯 살아 있는 생명처럼 호흡한다.

박동이 최고조에 달할 때, 광장은 완전히 살아 숨쉰다. 중심에서 만들어진 에너지가 골목과 거리, 시장과 공원을 통해 흘러 도시 전체를 가득 채운다. 사람들은 그 리듬에 따라 움직이고, 건물과 광장, 나무와 가로등까지 미묘하게 반응하며 하나의 거대한 몸처럼 호흡한다. 광장의 박동이 도시의 맥박이 되고, 도시 전체가 심장 박동에 맞춰 살아 움직이는 순간이다.

해가 기울고 그림자가 길어지면, 박동은 서서히 잦아든다. 학교를 마친 아이들, 귀가하는 사람들, 마지막 약속을 나누는 연인들의 발걸음이 느려지고, 낮 동안 최고조에 달했던 에너지는 거리와 골목, 공원 곳곳에서 잔잔하게 잔향처럼 퍼진다.

밤이 찾아오면 발걸음이 줄고 소음이 사라져도 광

장은 완전히 잠들지 않는다. 가로등 아래 느리게 걷는 발걸음, 벤치 위 그림자, 멀리서 스며드는 음악까지, 박동의 잔향에 따라 은밀하게 흔들리며 도시의 생명을 이어간다. 광장은 중심에서 하루의 박동을 정리하고, 내일을 준비하는 숨결로 도시를 품는다.

　모든 움직임이 겹쳐 만들어낸 흐름 속에서, 광장은 중심에서 도시의 심장을 끊임없이 뛰게 한다. 발걸음 하나하나가 박동이 되고, 그 박동이 서로 엮이며 살아 있는 리듬으로 도시 전체를 움직인다. 광장의 심장이 뛰고, 그 에너지가 도시 구석구석으로 전달되기에, 오늘도 내일도 도시 전체는 살아 있는 생명처럼 호흡한다.

8장. 골목길

부제: 도시가 속삭이는 가장 부드러운 언어

 도시를 온전히 이해하고 싶다면, 골목길을 거닐어야 한다. 광활한 대로가 도시의 웅장한 선율이라면, 좁고 구불구불한 골목은 섬세한 숨결과 같다. 이 작은 공간은 도시가 낮은 숨소리로 가까이 다가와 조용히 말을 거는 자리다. 낡은 담벼락에는 겹겹이 쌓인 오래된 포스터와 아이들의 분필 낙서가 어우러져 지나간 시간을 이야기하고, 작은 카페 창가를 스치는 햇살이나 녹슨 철문에 반사된 빛, 벽돌과 깨진 타일 조각은 조용한 이야기에 스며들며, 도시가 조용히 속삭이는 듯한 풍경을 만들어낸다. 이렇게 골목은 도시가 품고 있는 내밀한 순간들을 담아내며, 우리가 놓치기 쉬운 소소한 이야기들을 조용히 전해준다.

 골목의 이야기에 귀 기울이며 걷다 보면, 작은 카페 창가를 스치는 햇살이나, 어느 모퉁이에서 반사된 녹슨 철문 빛과 마주하게 된다. 벽에 걸린 서투른 간판 곡선, 균열이 가득한 시멘트벽, 무심하게 놓인 화분 하나까지, 이 모든 풍경은 누군가의 계획이라기보다, 도시가 시간을 통해 천천히 직조해 낸 자연스러운 패턴이라 볼 수 있다. 이곳을 걷다 보면 문득 깨닫는다. 도시는 높은 빌딩과 반듯한 거리 속에만 있는 것이 아니라, 이렇게 작은 틈새 속에서도 여전히 숨 쉬고 있다는 것을. 벽과 벽 사이의 간격은 완벽하지 않고, 전깃줄은 얽히며, 창과 문은 제각기 다른 방향을 향하지만, 그 불완전함 속에서 도시는 조용히 시간의 흔적과 사람들의 이야기를 품으며, 살아 숨 쉬고 있음을 알린다.

배관, 골목 끝에 서 있는 낡은 가로등, 창문 너머로 새어 나오는 조용한 웃음소리, 벽에 붙은 벽화와 흩어진 낙엽, 그리고 먼 곳에서 들려오는 고양이의 야옹소리. 화려하지 않지만, 그 사소한 것들 속에서 도시의 가장 부드러운 속삭임을 느낀다. 도시가 가진 가장 깊은 감수성은, 어쩌면 이런 좁은 길목에서 피어나는 것일지도 모른다.

고층 빌딩이 도시의 찬란한 기념비라면, 이 좁은 길

은 도시의 심장이자 영혼이 아닐까. 그리고 그 속에서 나는 매일 조금씩 달라지는 도시의 얼굴을 마주하며, 또 다른 이야기를 기다린다.

9장. 창문

부제: 빛과 삶이 드나드는 도심의 문

 건물은 벽으로 세워지지만, 생명을 불어넣는 것은 창이다. 창은 공간 속으로 빛과 바람, 시간을 흘려보내며 방 안 곳곳에 숨결을 남긴다. 아침이면 부드러운 햇살이 창을 타고 들어와 바닥과 벽, 가구를 어루만지고, 오후가 되면 창살을 따라 길고 얇은 그림자를 드리운다.

 그 빛 속에서 아이는 눈을 뜨고, 강아지는 나른하게 몸을 웅크린다. 커튼 사이로 스며드는 바람은 먼지를 살짝 일으키고, 식물의 잎을 흔들며, 조용히 놓여 있던 일상의 결을 흔든다. 바람 속에는 계절의 냄새가 스며 있고, 거리에서 들려오는 사람들의 발걸음과 대화, 멀리서 들려오는 자동차 소리까지 은은하게 섞인다. 그 모든 감각이 방 안으로 스며들어, 작은 무늬와 흔적들을 만들어낸다. 식탁 위 찻잔에 어른거리는 물결, 반사된 유리창 너머 겹쳐진 사람들의 얼굴, 시간이 고요히 머무는 자리까지, 순간순간의 빛과 그림자가 공간을 채우며 이야기를 남긴다.

  창은 이 모든 것을 담아내며, 스스로의 존재를 드러내지 않는다. 밝은 햇살이 공간을 환히 비추기도 하고, 어둠 속에서는 말없이 깨어 있는 눈처럼 세상을 관찰한다. 비가 내리면 빗방울에 젖고, 바람이 지나가면 흔적을 품듯, 하루하루의 시간과 흔적을 고스란히 받아들인다. 먼지 하나, 나무 잎 하나, 지나가는 사람의 그림자 하나까지도 창은 조용히 품으며, 변화가 스쳐 지나도 흔들리지 않고, 묵묵히 그 자리를 지킨다. 그렇게 빛과 바람, 소리와 냄새, 순간의 움직임이 뒤섞인 공간 속에서 창은 하루의 시간을 고요히 기록한다.

  창은 마치 작은 우주와 같다. 보이지 않는 시간과 감정, 기억들을 한곳에 모아두고, 그 속에서 우리는 일상의 빛과 바람, 삶의 결을 온전히 느낀다. 창을 통해 들어오는 모든 순간이 겹겹이 쌓이며 공간은 살아 움직이는 이야기가 되고, 그 이야기는 우리 곁에서 조용히 머물며, 삶의 깊이를 더해간다.

10장. 다리

부제: 분절을 잇는 도시의 숨결

　도시의 다리는 길이 닿지 못한 곳에서 조용히 태어난다. 갈라진 지형 사이, 멈춘 발걸음을 이어야 하는 틈을 따라 다리는 몸을 뻗고, 아치형의 곡선은 부러진 시간을 다시 일으키려는 힘처럼, 곧게 뻗은 선은 흔들림 없는 결연함처럼 서 있다. 공중에서 선명하게 그어진 선과 치밀하게 계산된 구조는 사람들의 발걸음과 도시의 숨결을 하나로 묶으며, 아직 깨어나지 않은 아침의 빛 속에서 서서히 호흡을 시작한다. 발끝마다 닿는 숨결이 점차 낮의 맥박으로 번지며, 곧 이어질 발걸음과 도시의 이야기들을 품을 준비를 마친다.

　햇살이 다리를 부드럽게 감쌀 때, 사람들의 발걸음이 이어지고 서로의 시간과 감정이 살짝 얹힌다. 서둘러 지나가는 발도, 잠시 머무는 발도 그 위에서 호흡을 나누며, 쌓이는 무게는 조용히 구조 속으로 스며든다. 바람이 스치고, 진동이 울리며, 도시의 이야기들이 파문처럼 퍼진다. 다리는 흔들림 없이 모든 순간을 품고, 구조와 사람, 소리와 침묵이 하나의 흐름으로 이어진다. 이 순간, 다리는 단순한 통로를 넘어 살아 있는 공간처럼 숨쉰다.

낮이 깊어가고 햇살이 길게 늘어나면, 다리는 그 위를 지나온 시간을 은은히 반추한다. 지나간 발걸음과 이야기, 스친 감정과 흐른 바람은 다리의 선마다 스며들어 잔잔한 흔적을 남긴다. 강물 위에 반사되는 빛과 공중을 가르는 선들은 치밀한 계산 속에서 사람들의 삶과 도시의 리듬을 함께 담아낸다. 낮의 분주함과 고요 속에서 다리는 자신만의 속도를 유지하며 하루를 견딘다.

저녁이 오면, 다리는 낮 동안 쌓인 모든 순간을 품은 채 잠시 숨을 고른다. 발걸음의 울림과 남은 이야기, 스친 감정이 조용히 퍼져 다리 위는 또 다른 고요와 호흡으로 채워진다. 길게 늘어진 그림자 사이로 흐르는 공기는 하루의 끝을 알리고, 다리는 그 속에서 묵묵히 하루를 마무리한다. 우리는 그 위를 걸으며, 낮 동안 다리가 품은 시간과 숨결을 함께 느낀다. 다리는 단순한 통로가 아니라, 사람과 도시의 호흡이 겹쳐지는 자리로, 낮의 흔적과 저녁의 고요가 이어진 풍경 속에서 말 없는 이야기를 전한다.

11장. 도로

부제: 도시 속에 흐르는 혈관

 도로는 도시를 이루는 가장 기본적인 구조다. 건물과 광장, 골목과 다리는 모두 도로를 따라 연결되며, 사람들의 발걸음과 차량의 흐름 속에서 도시의 숨결이 생긴다. 만약 도로가 사라진다면, 도시는 방향을 잃고 형태를 잃게 될 것이다. 도로는 단순한 이동 통로가 아니라, 도시의 기능과 생명, 그리고 기억을 이어주는 근본적인 기반이기 때문이다.

 하지만 우리가 매일 지나가는 도로는 처음부터 당연하게 존재했던 것은 아니다. 하나의 도로가 만들어지기까지, 설계자들은 도시의 지형과 인구 밀도, 보행자의 동선과 차량의 흐름, 주변 건물의 용도와 미래의 변화 가능성까지 세심하게 살핀다. 어떤 길은 넓고 곧게 뻗어 도시의 질서를 보여주고, 어떤 길은 오래된 흔적을 따라 구불구불 이어지며 시간을 품는다. 각각의 모양과 흐름은 우연이 아니라, 오랜 고민과 결정의 결과다.

도로의 곡선 하나, 교차점 하나에도 이유가 있다. 편의와 효율, 안전과 미관, 역사와 기억, 그리고 앞으로 마주할 변화까지, 모든 요소가 서로 얽혀 길을 만든다. 그렇게 설계된 도로는 시간이 지나면서도 끊임없이 보완되고 조정되며, 도시의 움직임에 따라 새롭게 쓰인다. 날마다 오가는 사람들의 발걸음과 차량, 새로운 시설의 등장과 사라짐, 예측할 수 없는 도시의 변화가 길 위에 흔적으로 남는다.

지금 우리가 걷는 이 길 위에는 수백만 번의 설계와 수정, 수천만 번의 고민과 선택이 차곡차곡 쌓여 있다. 단단한 아스팔트와 콘크리트 아래에는 도시를 만들고 유지해온 사람들의 시간과 노력이 응축되어 있으며, 그 길을 따라 흐른 수많은 발걸음과 차량, 결정과 판단이 흔적으로 남아 있다. 곡선과 교차점, 포장과 경사, 모든 디테일이 발걸음을 안내하고, 길 위의 흔적은 도시의 기억과 고민을 증언한다. 그러므로 우리가 도로를 지난다는 것은 단순히 이동하는 것이 아니라, 수많은 고민과 규율 위에서 살아 숨 쉬는 도시의 구조와 숨결을 체감하며 나아가는 일이라는 점을 명심해야 할 것이다.

12장. 가로등

부제: 어둠을 이기는 도시의 서명

 인간은 낮이 물러간 자리를 그냥 두지 않았다. 어둠 속에서 새로운 질서를 심었고, 가로등은 그 질서의 첫 번째 언어가 되었다. 해가 진 뒤에도 도시의 숨결은 멈추지 않고, 수천 개의 가로등이 조용히 빛을 뿜어내며 거리와 골목을 밝힌다. 햇빛이 사라진 공간에도 사람들의 움직임은 끊이지 않고, 일상의 리듬은 부드럽게 이어진다. 빛은 거리를 따라 흐르고, 골목을 파고들며 도시의 구조를 다시 한번 드러낸다.

 도시의 낮이 속도와 에너지로 가득 찬 시간이라면, 밤은 가로등 아래서 숨을 고르고 다시 살아나는 시간이다. 각기 다른 높이와 온도로 빛나는 가로등은 점과 선으로 도시를 새롭게 그리며, 어둠 속에서도 방향과 흐름을 만들어낸다. 단순히 공간을 밝히는 도구가 아니라, 도시의 심장을 조용히 박동시키는 장치다. 보행자의 발걸음과 자동차의 움직임에 맞춰, 가로등의 빛은 끊임없이 도시를 어루만진다.

가로등이 있는 곳에는 두려움 대신 안도가, 고립 대신 연결이 있다. 이는 도시가 우리에게 보내는 조용한 약속이다. 어느 골목 끝에서도, 늦은 밤에도 우리는 반드시 빛을 만나게 될 것이다. 그 믿음은 누구도 배제하지 않고, 누구도 외롭게 하지 않으며, 모두를 도시의 품 안으로 초대한다. 빛은 말없이 머물고, 부드럽게 비추며, 끈기 있게 어둠을 지운다. 그 빛 아래에서 우리는 거리를 걷고, 대화하고, 사랑하고, 꿈꾼다. 밤의 도시는 결코 텅 비어 있지 않다. 가로등은 삶과 기억을 엮고, 낯선 이들을 하나의 서사 속으로 포함시키며, 수천 개의 작은 별이 되어 도시의 은하수를 만든다. 우리는 그 빛 위를 걸으며 매일 자신도 모르게 세계를 건너고 있다.

고개를 들어 가로등을 바라보자. 그것은 단순한 철 기둥과 전구의 조합이 아니다. 인간 정신이 어둠 속 세계에 남기는 가장 따뜻하고 정제된 서명이다. 도시는 어둠에 잠기지 않는다. 스스로 빛을 창조하고, 그 빛을 따라 다시 호흡한다. 우리는 그 찬란한 흐름 위를 걷고 있으며, 그 빛줄기 하나하나 속에 인류가 쌓아 올린 가장 조용한 문명이 숨 쉬고 있다.

13장. 신호등

부제: 도시가 만든 신뢰의 알고리즘

 도시는 복잡해 보이지만 규칙과 리듬이 숨어 있다, 그리고 리듬을 조율하는 존재는 신호등이다. 신호등은 소리 내어 지시하지 않고, 거칠게 끌고 가지도 않지만, 한 점의 빛으로 사람과 차량을 멈추고 다시 움직이게 만든다. 붉은빛이 켜지면 사람들은 자연스럽게 멈추고 차량들이 지나가며, 초록빛이 켜지면 사람들은 움직이고 차량들은 멈춘다. 우리는 그 빛에 맞춰 발걸음을 조율하며 서로의 움직임을 존중하고, 반복되는 리듬 속에서 우리는 스스로 질서를 만들어간다.

 신호등은 목소리를 높여 명령하지 않는다. 오직 빛으로 조용히 말한다. 멈추라고, 기다리라고, 그리고 이제 가도 된다고. 사람들은 강요받지 않아도 익숙한 신호에 자연스럽게 반응하며 각자의 속도를 맞춘다. 그렇게 빛은 단순히 길을 밝히는 도구를 넘어 도시의 시간을 나누고 질서를 이어가는 숨결이 된다. 사람들의 발걸음과 차량의 움직임이 그 빛을 따라 흘러가며 하나의 리듬을 만들어내고, 우리는 그 흐름 속에서 서로의 존재를 알아본다. 잠시 멈출 때도, 다시 걸음을 옮길 때도, 신호등은 묵묵히 제 자리를 지키며 도시와 사람 사이의 약속을 이어준다. 한 신호가 켜지고 꺼지는 짧은 순간에도 수많은 움직임이 파동처럼 번져 나가고, 그 중심에는 변함없이 빛을 내는 신호등이 있다. 빛의 순환 속에서 신호등은 조용히 속삭인다. 여기서, 우리는 함께 살아가고 있다고.

14장. 자동차

부제: 도시의 흐름을 잇는 강철의 물살

 도시는 자동차의 흐름 속에서 깨어난다. 차 안을 울리는 첫 시동의 떨림과 좁은 골목을 빠져나와 대로 위로 나아가는 궤적은 마치 강물이 제 길을 찾아 흐르듯 도시 전체에 생기를 불어넣는다. 자동차가 지나가면 건물과 도로, 길 위의 모든 구조물은 살아 움직이는 듯한 기운을 띠고, 도시는 더 이상 정지된 공간이 아니라 흐르는 물줄기처럼 끊임없이 이어진다.

 도시를 채우는 자동차는 각기 다른 속도와 방향을 가진 강철의 물살이다. 도로라는 수로를 따라 흘러 만나고 갈라지면서도 부딪히지 않는 질서는 강줄기 속 물살처럼 자연스럽게 조화를 이루고, 그 흐름 속에서 도시 전체는 균형과 활기를 얻는다. 강철의 물살 속에는 출근길을 재촉하는 발걸음과, 서둘러 목적지를 향하는 손짓, 잠시 머무르며 주변을 살피는 눈빛이 섞여 흐르며, 작은 파동처럼 도시 전체의 리듬 속으로 스며든다.

 자동차가 만들어내는 궤적은 단순한 흔적이 아니다. 서로 겹치고 스치면서 보이지 않는 네트워크를 만들고, 그 흐름은 도로 위에서 물살처럼 이어진다. 건물의 유리창에 반사되는 햇살, 포장 위로 비치는 미세한 그림자, 골목마다 깔린 바람의 흔적까지, 자동차가 움직이는 길마다 도시 전체가 조용히 반응한다. 멈추고 다시 움직이고, 만나고 흩어지는 반복 속에서 강철의 물살은 끊임없이 이어지고, 사람들의 발걸음과 차량의 움직임이 하나의 리듬으로 엮인다.

 도시의 강철 물살은 낮에도, 밤에도 흐른다. 낮에는 햇살을 받아 반짝이는 금속의 표면과 차체 사이로 빛이 흘러 도시의 장을 은은하게 밝히고, 밤에는 헤드라이트와 미등이 길을 따라 일렁이며 도시의 흐름을 이어간다. 자동차의 움직임 하나하나가 서로를 비추며 파동처럼 번지고, 그 속에서 수많은 작은 흐름이 겹치며 도시 전체가 살아 있는 장으로 존재감을 드러낸다.

 자동차는 단순한 이동 수단이 아니다. 강철의 물살로서 도시를 살아 있게 하고, 흐르는 리듬 속에서 공간을 연결하며, 끊임없이 이어지는 움직임 속에서 도시는 비로소 숨 쉬는 장으로 거듭난다. 모든 물살이 만나 하나의 거대한 흐름을 이루듯, 자동차와 사람, 건물과 도로, 그리고 빛과 그림자가 뒤섞인 강철의 물살 속에서 도시는 끊임없이 살아간다.

15장. 광고판
부제: 현대의 벽화

 도시를 걷다 보면 자연스럽게 시야를 가득 채우는 것이 있다. 바로 하늘을 향해 높게 걸린 수많은 광고판이다. 누군가는 그것을 상업의 표식이라 부르고, 누군가는 시각적 소음이라 치부하지만, 나는 그 광경 속에서 도시가 가진 가장 인간적인 열망을 읽는다. 광고판은 단순히 물건을 팔기 위한 도구가 아니라 인간의 욕망이 빛의 형상으로 구체화된, 도시 위에 새겨진 가장 솔직한 꿈의 표면이다.

 낮에는 강철과 유리의 틈에 가려 그 존재가 묻히지만, 밤이 오면 광고판은 스스로 빛이 되어 도시를 다시 그려낸다. 네온과 LED, 거대한 스크린과 정지된 이미지들이 대로를 따라 나란히 펼쳐지고, 그 풍경은 마치 하나의 살아 있는 예술처럼 도시의 얼굴을 바꿔놓는다. 그 안에는 아름다워지고 싶다는 소망, 새로운 것을 소유하고자 하는 열망, 더 나은 삶을 향한 갈구가 담겨 있다. 나는 이 대담함에 감탄한다. 자기 자신을 조형하고, 꾸밈없이 외치며, 불완전한 욕망조차 마다하지 않고 빛으로 쏟아내는 그 모습은 도시가 스스로를 끊임없이 새롭게 꿈꾸게 만드는 방식이기 때문이다.

 광고판은 도시의 정직한 거울이다. 거기엔 우리가 무엇을 원하고, 무엇을 갈망하며, 무엇을 사랑하는지가 고스란히 드러난다. 화려한 문장과 색, 빛으로 이루어진 그 풍경은 마치 도시가 꾸는 꿈처럼 펼쳐지고, 우리는 그 앞에서 무언가를 선택하거나 지나치며 스스로를 마주하게 된다. 브랜드와 메시지, 언어와 이미지들이 한꺼번에 얽혀 있는 그 장면은 얼핏 무질서해 보이지만, 오히려 그 안에서 도시의 진짜 얼굴이 드러난다. 빛은 빛을 밀어내고, 또 다른 빛을 끌어당기며, 수많은 욕망과 취향이 화면마다 겹쳐진다. 저마다의 기준과 목적 없이, 동시에 존재하고 경쟁하는 그 풍경은 하나의 수많은 인간의 꿈이 동시에 반짝이고, 서로 다른 방향을 향하면서도 묘하게 어우러진 거대한 별자리 같다. 그리고 우리는 그 아래를 걸으며, 어제와는 다른 세계를 다시 한 번 마주하게 된다.

 광고판 속 빛은 우리에게 조용히 속삭인다. 멈추지 말고, 더 높이 손을 뻗고, 바라는 것을 두려워하지 말라고. 그 한 줄기 빛에는 어쩌면 우리가 스스로에게 건네지 못한 응원이 담겨 있다. 도시의 하늘 위에 떠 있는 별자리처럼, 수많은 광고판은 살아 있음을 증명하며 우리 발걸음을 인도한다. 그 빛의 바다 위를 걷다 보면, 우리는 도시를 사랑하게 되는 이유를 조금씩 깨닫는다. 불완전한 꿈들이 겹쳐 만들어낸 야경 속에서, 오늘도 우리는 조금 더 앞으로 나아간다.

16장. 사거리

부제: 교차하는 삶의 선택지

도시를 걷다 보면 어느새 사거리에 다다른다. 붉은 신호가 깜박이고 초록불이 번쩍이는 순간, 수많은 발걸음과 이야기들이 잠시 멈췄다가 흩어진다. 출근길을 재촉하는 발걸음, 약속에 늦어 조급한 걸음, 연인의 손을 꼭 잡은 설렘까지, 모든 움직임이 사거리 위에서 서로 스치며 얽힌다. 자동차와 오토바이, 유모차와 자전거도 함께 섞이며, 순간순간 갈라지고 겹치며 교차점을 채운다.

신호를 기다리는 동안 사람들은 속도를 조절하고, 서로의 위치를 살핀다. 작은 흐름 하나하나가 이어지며, 교차점 위에서는 다양한 방향의 움직임이 서로를 피해 자연스럽게 이어진다. 길을 건너는 발걸음과 차의 움직임, 빛과 그림자의 교차가 뒤섞이며, 사거리 위의 순간마다 도시의 장면이 만들어진다.

붐비는 거리 속에서 사람과 차, 빛과 그림자가 만드는 풍경은 복잡해 보이지만 혼란스럽지 않다. 택시는 차선을 바꾸고, 오토바이는 신호를 기다리며, 유모차를 끄는 손길은 속도를 늦춘다. 각자의 선택이 이어져 전체 장면 속에 녹아들고, 사거리 위의 움직임 하나하나가 도시의 모습을 형성한다. 겉으로는 무질서해 보여도, 그 안에는 서로를 배려하고 조율하며 살아 있는 질서가 숨어 있다.

 사거리를 지나면서 우리는 새로운 길을 선택한다. 왼쪽으로, 오른쪽으로, 직진으로, 혹은 잠시 멈춤으로. 그 작은 결정들이 모여 사거리에서의 순간을 완성하고, 사람과 차, 빛과 그림자가 만들어낸 작은 파동은 도시 전체로 이어져 또 다른 장면과 선택을 불러온다. 사거리는 그렇게 끊임없이 변화하면서도, 그 안에서 질서가 유지되고, 도시의 이야기는 매 순간 이어진다.

17장. 백화점

부제:도시가 꿈을 진열하는 공간

 화려한 조명 아래 반짝이는 쇼윈도, 끝없이 이어지는 에스컬레이터가 사람들의 발걸음을 삼켜낸다. 문을 통과하는 순간, 공기가 달라지고, 빛이 공간을 얇게 감싼다. 유리와 금속, 향과 음악이 한데 섞여 공간을 감싸면, 사람들은 저마다의 속도로 무대 위를 걸어간다. 걸음은 느려지고, 시선은 오래 머문다. 손끝은 옷감의 결을 더듬고, 눈빛은 진열된 물건 위에 잠시 머문다. 이곳에서의 움직임은 현실보다 조금 더 꿈결 같다. 공간 안에서 모든 감각이 서로를 어루만지며, 걸음 하나에도 꿈의 잔상이 스며든다.

 백화점은 단순한 상점이 아니다. 반짝이는 의류와 향수, 유리 속의 보석과 정교한 화장품, 곡선의 가구와 매끈한 전자기기들은 실용을 넘어 '갖고 싶다'는 욕망을 직접적으로 자극한다. 사람들은 손으로 만지고, 눈으로 오래 바라보며, 마음속으로 이미 소유하는 순간을 떠올린다. 이 공간은 인간의 욕망이 형태를 얻어 전시된 현대의 무대이며, 도시가 꾸는 꿈이 백화점이라는 이름으로 시각화되어 사람들의 상상력을 유혹한다. 모든 것이 욕망과 상상을 동시에 자극하며, 보는 순간부터 마음속 이야기가 시작된다.

 거울 앞에 선 사람들은 잠시 멈춰 서서 자신을 바라본다. 빛 아래 얼굴은 평소보다 단정하고, 눈빛은 조금 더 단호하다. 손끝의 움직임은 조심스럽고, 미소에는 기대가 스민다. 이곳에서 사람들은 단순한 소비자가 아니다. 스스로를 새롭게 연출하는 배우이며, 자신의 욕망을 체험하는 존재다. 백화점은 인간이 꿈꾸는 또 하나의 현실, 욕망이 장식된 도시의 환영이다. 빛과 그림자가 뒤섞인 공간 속에서, 사람들은 자신과 욕망을 동시에 만난다.

 층을 오르내리며 이어지는 통로는 욕망의 궤도 같다. 한 층 위로 오를 때마다 더 밝은 빛, 더 정제된 향, 더 고요한 음악이 기다린다. 그 세밀한 조율 속에서 우리는 도시가 인간의 욕망을 어떻게 가장 세련된 형태로 드러내는지 깨닫는다. 백화점은 도시가 꿈을 진열한 거대한 거울이다. 화려하면서도 절제되고, 유혹적이면서도 환상적인 아름다움의 형상이다. 모든 요소가 하나로 얽히며, 눈과 마음에 남는 환상이 조용히 펼쳐진다.

 나는 그곳을 걸을 때마다 생각한다. 인간은 생존을 위해 도시를 세운 것이 아니라, 자신의 꿈과 욕망을 시각적으로 구현하기 위해 세운 것이라고. 그리고 그 꿈과 욕망이 가장 정제된 형태로 드러난 문명의 결정체는 백화점이라고. 오늘도 그 안에서는 인간이 만들어낸 가장 솔직하고 아름다운 욕망이 조용히 반짝인다. 유리벽 너머로 스며드는 빛 속에서, 인간의 꿈과 욕망은 가장 은밀하게, 그러나 또렷하게.

18장. 빗물 고인 도로
부제:도심이 잠시 열어둔 환상의 거울

비가 그친 도시의 거리에는 고요한 기적이 남아 있다. 아스팔트 위에 남은 빗물은 하늘과 빌딩, 신호등과 전광판의 빛을 담아내며, 순간적으로 또 다른 도시를 만들어낸다. 얇고 투명한 수면 위에서 뒤집힌 거리, 거꾸로 선 가로등과 사람들의 그림자, 흔들리는 하늘이 서로 어우러져 마치 환상의 거울 속 풍경처럼 펼쳐진다. 평소라면 무심히 지나쳤을 길 위에서, 남은 빗물은 도시가 잠시 열어둔 비밀스러운 창이 된다. 빗물 위에 비친 세상은 현실보다 부드럽고, 동시에 신비롭다.

빗물에 반사된 풍경은 끊임없이 변한다. 건물의 외벽은 붉게 물들기도 하고, 유리창은 구름을 머금으며, 초저녁 가로등 아래 드리운 사람들의 실루엣은 흔들린다. 어떤 빗물은 어린아이의 웃음을 담고, 또 다른 빗물은 이별의 뒷모습을 품으며, 막 시작된 사랑의 설렘을 숨긴다. 작은 수면 하나에도 도시의 수많은 기억과 감정이 흐르고 있으며, 빗물 위의 풍경은 오직 잠시 멈춰 시선을 고정한 사람만이 완전히 받아들일 수 있다. 우리는 그 위를 조심스레 걸으며, 잠시나마 도시가 숨기는 또 다른 얼굴을 엿본다.

비가 그친 거리를 지나며, 우리는 도시가 자신을 조용히 다듬고 있다는 것을 느낀다. 평소에는 무심히 지나쳤던 길과 건물, 표지판과 신호등이 빗물 위에서 달리 보일 때, 도시의 풍경은 끊임없이 자신을 새롭게 태어나게 하고 있음을 알려준다. 발걸음을 멈추고 빗물에 시선을 고정하면, 하늘과 건물, 사람들의 그림자가 부드럽게 흔들리며 평소에는 놓쳤던 빛과 색, 소리와 공기가 겹겹이 스며든다.

빗물이 만들어낸 또 다른 도시는 현실보다 더 섬세하고, 더 환상적이며, 더 인간적이다. 그 속에서 우리는 도시를 보는 방식을 새롭게 깨닫는다. 잠시 멈춰서서 숨을 고르고 눈을 고정할 때, 도시가 우리에게 은밀히 건네는 작은 기적과 속삭임이 비로소 드러난다. 빗물에 담긴 뒤집힌 세상은 순간적으로 펼쳐진 화상의 거울이며, 현실과 환상이 서로를 스치며 새로운 풍경을 만든다.

  그리고 우리는 문득 깨닫는다. 도시를 사랑한다는 것은 눈에 보이는 것 너머의 변화를 감각으로 느끼고, 순간의 빛과 바람, 잔잔한 숨결을 마음속에 담아두는 일이라는 것을. 고요히 반짝이는 빗물 속에서, 우리는 도시와 함께 숨 쉬며, 작은 기적이 일상을 어떻게 바꾸는지 조용히 배우게 된다.

19장. 에스컬레이터
부제: 멈춘 몸 위로 흐르는 도시의 사색

 도시를 걷다 보면, 가끔은 스스로 발걸음을 옮기기보다 주변의 흐름에 몸을 맡기고 잠시 이동하는 순간이 찾아온다. 사람들의 발걸음이 모이고, 계단과 길, 통로가 자연스레 이어지는 그 흐름 속에서, 우리는 자신만의 호흡과 리듬을 찾는다. 그 흐름이 가장 선명하게 느껴지는 장소가 바로 에스컬레이터다. 걸음을 멈추고 천천히 앞으로 나아가는 동안, 바쁘게 스쳐가는 풍경 속에서도 마음은 느긋해지고, 몸은 움직이지 않아도 도시의 구조가 조용히 우리를 감싼다. 계단이 요구하는 노력과 의지 대신, 이곳에서는 관조와 위탁이 허락된다.

 상업시설의 복잡한 복도와 환승역의 분주한 통로, 백화점 유리벽 사이로 사선으로 움직이는 에스컬레이디 위에서는, 빛과 그림자, 사람들의 움직임과 숨결이 한데 어우러진다. 발밑의 바닥과 천장에서 스며드는 빛, 유리벽에 반사되는 주변 풍경, 손잡이를 잡은 사람들의 손끝까지, 모든 것이 연속적으로 흐른다. 처음에는 어색했던 속도도 점차 익숙해지고, 우리는 어느새 그 리듬 속에 몸을 맡긴 채 마음을 비운다. 짧은 침묵 속에서 자신을 돌아보기도 하고, 스쳐가는 풍경과 미세한 소리, 공기 속에 스며든 시간과 흔적을 감각하며 조용히 머문다. 이 순간은 도시가 허락한, 생각을 내려놓아도 되는 드문 공간이다.

눈에 보이는 풍경은 계속 바뀌지만, 몸과 마음은 흐름 속에서 안정된다. 위로 오르는 에스컬레이터에서는 높이와 깊이가 겹겹이 쌓인 도시의 윤곽을 느낄 수 있고, 아래로 내려가는 길에서는 공간 속 어둠과 속도의 단면이 스며든다. 평면적 구조만으로 이루어진 것 같던 도시가, 수직으로 쌓인 감각과 다양한 흐름 속에서 또 다른 얼굴을 드러낸다는 것을 새삼 깨닫는다. 도시의 구조, 사람들의 움직임, 빛과 그림자가 만들어내는 패턴은 하나하나 연결되어, 작은 연속성을 만든다.

에스컬레이터 위에서 마주한 사람들의 모습 또한

흥미롭다. 고개를 숙인 사람, 눈을 감은 사람, 무표정하게 손잡이를 잡은 사람들. 말없이 같은 흐름 속에 놓인다는 감각이 묘한 연대를 만든다. 강요도, 분리도 없이, 오직 속도와 움직임만을 공유하며, 도시는 우리를 부드럽게 감싸 안는다. 흐름 속에서 우리는 일상의 조각들이 다시 살아나는 순간을 경험하며, 도시가 제공하는 연속성과 숨결을 감각한다.

 그리고 나는 그 속에서 조용히 숨을 고른다. 목적지 없이, 생각 없이, 오직 도시가 만들어낸 흐름 속에 몸과 마음을 맡긴 채, 발밑을 스치는 빛과 그림자, 주변 사람들의 숨결, 공기 속에 스며든 시간과 흔적을 느낀다. 잠시 머무르는 동안, 에스컬레이터 위에서 감각한 도시의 흐름과 리듬이 온전히 몸과 마음에 스며들며, 평소에는 놓쳤던 도시의 미묘한 움직임과 숨결까지 느낄 수 있다. 그렇게 우리는, 도시와 함께 호흡하며, 눈에 보이지 않는 순간의 변화와 흐름 속에서 작지만 분명한 삶의 기운을 깨닫는다.

20장. 아파트
부제: 수직으로 포개진 익명의 감정

 도시를 조금 멀리서 바라보면 가장 먼저 눈에 들어오는 건 아파트다. 바둑판처럼 규칙적이고 촘촘하게 쌓인 회색 건물들. 누군가는 반복되는 모습에서 삭막함을 느끼고, 누군가는 획일화된 인간 삶의 퇴색된 패턴이라 말한다. 하지만 나는 그 풍경 앞에서 묘한 안정감을 느낀다. 왜냐하면 일상의 흔적이 질서 속에서 살아 있기 때문이다.
 아침 햇살이 건물 사이로 스며들면 창문마다 작은 빛이 흩뿌려지고, 발코니 위의 화분과 커튼 사이로 드러나는 삶의 흔적들이 조용히 모습을 드러낸다. 어느 집에선 갓 끓인 된장찌개의 향이 퍼지고, 다른 집에선 아이가 피아노 건반을 두드리는 맑은 소리가 공간을 채운다. 어딘가에서는 하루를 시작하며 조용히 커피를 마시는 사람의 숨결이 느껴지고, 또 다른 창 너머로 웃음과 한숨이 섞이며 도시의 숨결을 만든다.

　낮이 깊어갈수록 아파트는 단순한 건물에서 수많은 삶의 층이 겹쳐진 살아 있는 구조가 된다. 빛과 그림자가 벽면을 스치고, 창문에 비친 주변 건물과 하늘이 일렁인다. 발코니 위에는 빨래가 바람에 흔들리고, 아이들은 계단을 오르내리며 소리를 남긴다. 익명과 친밀함이 뒤섞인 이 공간 속에서, 우리는 서로의 존재를 느끼고, 보이지 않는 연대가 만들어지는 순간을 목격한다.

　해질녘이 되면 아파트는 또 다른 얼굴을 드러낸다. 낮 동안 스쳐 지나간 빛이 사라지고, 각 창문마다 불빛이 켜지며 도시의 별자리처럼 반짝인다. 탁자에 둘러앉은 가족, 침대에 기대어 책을 읽는 사람, 창밖을 조용히 바라보는 이의 실루엣까지, 작은 불빛 하나하나가 삶의 기록을 담는다. 회색 건물들이 단단하게 쌓여 있지만, 그 안에는 눈물과 웃음, 기다림과 포기가 켜켜이 쌓여 있어, 겉보기와 달리 따뜻한 생명이 흐른다.

　밤이 깊어도 도시의 아파트는 잠들지 않는다. 라디오 소리, TV 소리, 계단을 오르내리는 발걸음과 작은 대화 소리가 건물 사이로 퍼진다. 우리는 그 소리를 듣고, 작은 움직임을 느끼며, 보이지 않는 사람들의 삶과 연결된다는 묘한 감각을 경험한다. 익명성과 친밀함이 교차하는 공간 속에서, 아파트는 도시의 하늘 아래 쌓인 수많은 인간의 삶과 이야기, 그리고 조용한 희망을 담은 거대한 구조물임을 깨닫게 한다.

21장. 버스 정류장
부제:도시의 리듬에 쉼표를 더하는 자리

 도시의 하루가 시작되고 끝날 때, 버스정류장은 잠시 고요를 선사하는 작은 쉼표와 같다. 투명한 유리벽을 타고 스며드는 아침 햇살은 반사광과 섞여 바닥과 벤치 위에 조용히 흩어지고, 바람이 스치면 지나가는 사람들의 그림자가 살짝 흔든다. 벤치 위에 앉아 커피를 손에 쥔 사람, 늦은 밤 집으로 향할 버스를 기다리며 눈을 깜빡이는 사람, 잠시 휴대폰 화면을 내려다보며 주변을 살피는 사람, 각자의 속도로 하루를 맞이하는 이들의 움직임과 숨결이 정류장 안에 스며든다. 그 사이로 들려오는 발걸음 소리, 바람에 흔들리는 유리벽의 가벼운 덜컹거림, 멀리서 울리는 버스 엔진음까지 모든 것이 한데 섞이며, 공간은 느리게 살아 움직인다.
 유리벽 너머로 비치는 도시의 풍경은 분주하지만,

이곳에서는 그 속도가 잠시 늦춰진다. 햇살이 반짝이는 인도와 횡단보도를 스쳐 지나가는 사람들, 빛에 반사되어 흔들리는 자동차의 금속 표면, 그리고 먼 하늘에서 내려오는 소음과 바람이 정류장 안으로 잔잔히 스며든다. 작은 공간 속에서 이러한 소리와 빛, 움직임이 겹쳐지며, 도시의 거대한 리듬 속에서 한 박자 늦게 숨 쉬는 순간이 만들어진다.

정류장에 모인 사람들은 서로를 의식하지 않지만, 그곳에서 일어나는 모든 움직임과 미세한 표정, 짧은 침묵은 공간 안에서 자연스러운 연대를 만든다. 누군가는 발걸음을 멈추고 잠시 숨을 고르고, 누군가는 시선을 잠시 하늘이나 거리 위로 올리며 하루를 정리한다. 그렇게 각자의 속도로 맞춰지는 호흡과 시간은 도시가 제공하는 작은 쉼표가 되어, 복잡한 흐름 속에서 인간적인 온기와 균형을 선사한다.

그리고 나는 그 속에서 조용히 숨을 고른다. 목적지 없이, 생각 없이, 오직 이 작은 공간과 도시가 만들어낸 리듬 속에 몸과 마음을 맡긴 채, 발밑과 주변에 스며든 빛과 그림자, 사람들의 숨결과 공기 속에 묻어난 시간의 흔적을 느낀다. 그 순간, 바쁘게 흘러가던 도시 속에서도 잠시 멈춰 선 한 장면이, 평소에는 놓쳤던 도시의 섬세한 움직임과 숨결을 온전히 감각할 수 있게 해준다.

22장. 지하철역

부제:도심 깊숙이 내려앉은 시간의 심장

 지하철역은 도시의 삶이 압축되어 드러나는 공간이다. 출근을 서두르는 사람, 퇴근의 피로를 안고 돌아가는 사람, 약속을 위해 손을 맞잡은 연인, 잠시 숨을 고르는 사람까지, 모든 순간과 모든 속도가 한곳에 모인다. 서로 다른 이야기와 감정이 겹치지만, 그 안에서 우리는 도시의 하루를 한눈에 볼 수 있다.

 계단을 내려가는 발걸음, 개찰구를 통과하는 몸짓, 플랫폼 위를 오가는 발자국과 손짓, 작은 짐을 끌며 이동하는 흔적까지, 수많은 움직임이 한 공간 안에 쌓인다. 전광판의 깜빡임, 안내 방송, 철로에서 전해지는 진동과 바람이 공기 속에 스며들고, 벤치에 앉아 주변을 살피는 사람들의 시선과 작은 표정까지, 모든 순간이 서로 겹쳐 도시의 리듬을 만들어낸다. 사람들은 고개를 들어 바라보지 않아도, 바쁘게 걷지 않아도, 자연스럽게 이 공간의 흐름 속에서 호흡하고 움직인다.

열차가 도착하면 공기가 바뀌고, 문이 열리는 순간 새로운 움직임이 시작된다. 짧은 만남과 조용한 이별, 설렘과 망설임, 급하게 스쳐 지나가는 발걸음과 잠시 머무는 숨결이 한곳에 모인다. 발걸음 소리, 바람에 흔들리는 머리카락, 바닥에 떨어진 종잇조각이 내는 작은 소리까지, 모든 것이 겹쳐져 도시의 다양한 삶과 감정의 결이 선명하게 드러난다.

지하철역은 반복되는 듯 보이지만, 결코 반복되지 않는다. 같은 플랫폼, 같은 조명, 같은 열차 속에서도 매일 다른 얼굴과 이야기가 흐른다. 도시의 표면이 변화를 상징한다면, 지하철역은 그 변화가 압축되어 보여지는 내면의 리듬이다. 사람과 삶의 모든 순간이 한곳에 모이는 이 공간에서, 우리는 도시의 하루를 통째로 바라보고 느낀다. 다음번 열차를 기다릴 때, 잠시 눈을 들어 주변을 바라보라. 출근, 퇴근, 약속, 기다림, 작은 휴식까지, 모든 순간이 겹쳐 만들어내는 도시의 리듬이 지금도 조용히, 그리고 묵묵히 흐르고 있다.

23장. 옥상
부제:도시가 스스로를 내려다보는 눈

　엘리베이터의 문이 열리자, 좁은 계단이 위로 이어진다. 마지막 턱을 넘는 순간, 눈앞에 옥상이 펼쳐진다. 아래에서 치밀어 오르던 도시의 소음이 점점 희미해지고, 바람이 대신 귀를 스친다. 햇살은 벽을 따라 흘러내리고, 하얀 시트가 바람에 밀려 부드럽게 뒤집힌다. 먼 건물의 창이 반짝이며 낮의 잔열을 머금는다. 한낮의 시간 속에서 유일하게 멈춘 듯한 공간, 숨결만이 느리게 이어진다.

　회색 콘크리트 바닥 위로 바람이 지나간다. 철제 펜스가 가볍게 흔들리고, 에어컨 실외기의 낮은 진동이 공기를 울린다. 고무 덮개 위로 떨어지는 물방울이 잔잔히 부서지고, 그 소리가 도시의 소음을 대신한다. 아래층에서는 여전히 신호와 속도가 얽혀 있지만, 이곳에서는 그 모든 리듬이 희미해진다.

발을 멈추면 시야가 열린다. 빌딩의 숲 사이로 겹쳐진 지붕들, 콘크리트 벽의 그림자, 저 멀리 수평선을 가르는 항로까지. 도시의 모든 면이 낯설 만큼 또렷하게 드러난다. 각자의 목적을 향해 분주히 움직이던 사람들의 발걸음이 작은 점으로 멀어지고, 대신 공기와 빛, 바람이 자리를 채운다.

 시간은 천천히 흘러간다. 바람은 거리를 스치듯 지나가고, 햇살은 시멘트벽 위에 느긋하게 기대어 있다. 빨래가 한낮의 햇볕을 타고 너울거리고, 먼 곳에서는 비둘기 한 마리가 고요히 날개를 접는다. 속도를 재촉할 필요가 없다. 그저 존재하는 것만으로 하루가 충분하다.

 밤이 오면 불빛이 바닥을 덮는다. 창들이 하나둘 켜지고, 어둠 사이로 도시의 맥박이 천천히 드러난다. 멀리서 보면 고요하지만, 그 안에는 수많은 삶과 생각, 숨겨진 고독이 함께 흔들린다. 옥상에서 바라보면 그것들이 한 화면으로 겹쳐지며, 낮과 밤, 소음과 정적, 피로와 휴식이 뒤섞인 거대한 파동처럼 느껴진다.

이 순간, 도시가 거대한 생명체처럼 살아 숨 쉬는 것을 알게 된다. 낮에는 자신을 밀어붙이고, 밤이면 조용히 돌이켜보는 존재. 옥상은 그 사이의 틈, 숨이 잠시 고이는 자리다. 우리는 그 틈에 서서 바람과 빛을 맞으며, 도시의 진짜 얼굴을 마주한다. 그것은 화려함이나 질서가 아니라, 잠시 멈춘 시간 속의 여백, 그 안에서 깜빡이는 불빛 하나의 온도다.

 세상이 끊임없이 움직이는 동안, 진짜 변화는 멈춘 곳에서 시작된다. 옥상 위에서는 속도를 잃어도 충분하고, 아무도 중심을 차지하지 않아도 된다. 바람과 햇살, 잔물결과 먼 불빛 속에서 우리는 자신을 비우고, 도시의 고요를 듣는다. 그리고 그 속에서, 도시의 아름다움이 아주 천천히 그러나 선명하게 모습을 드러낸다. 발걸음을 옮기지 않아도, 눈을 감지 않아도, 이 여백 속에서 모든 것이 충분히 살아 있음을 느낀다.

24장. 주차장
부제: 도시가 숨을 고르는 층위

 도시는 끊임없이 움직인다. 빛이 거리를 가르고, 사람과 차량이 길 위를 오간다. 속도가 공간을 밀어내며 서로 부딪히고 겹친다. 그러나 주차장 안으로 들어서면 그 모든 흐름이 한결 느리게 가라앉는다. 콘크리트 바닥 위로 정리된 차량들이 나란히 서 있고, 층고 높은 공간 사이로 희미한 전등 빛이 반짝인다. 철제 기둥과 난간 사이로 바람이 천천히 스며들고, 멈춘 바퀴와 금속 냄새, 고무 타이어 냄새가 섞인 공기가 공간을 채운다.

 햇살은 층계 틈새를 타고 스며들고, 차량 위를 스치는 그림자가 바닥에 길게 늘어진다. 낮은 진동과 금속이 부딪히는 소리가 공기 속에서 미묘하게 울리며, 먼 거리의 도시 소음은 철제 구조물과 콘크리트 벽에 흡수되어 희미해진다. 이곳에서는 속도를 재촉할 필요가 없다. 바퀴가 멈춘 자리마다 공기가 차분히 가라앉고, 작은 틈마다 바람과 빛이 스며든다.

 층을 오르내리며 주차장 전체를 바라보면, 이 공간이 도시의 흐름을 흡수하는 장치처럼 느껴진다. 차례로 멈춘 차량 사이로 빛과 그림자가 스며들고, 층마다 정돈된 구조는 도시의 소음을 잠시 머금는다. 차량이 멈춘 자리마다 공기가 낮은 숨을 쉬고, 바람이 스며드는 틈마다 도시의 속도가 잦아든다. 바쁘게 움직이던 엔진 소리와 사람들의 발걸음이 멀어지며, 주차장 안에는 느린 시간만이 남는다.

 바퀴가 멈춘 차량 사이를 걸으며, 우리는 콘크리트 바닥 위로 드리운 그림자와 스치는 바람, 정지된 금속과 타이어 냄새 속에서 도시의 숨결을 느낀다. 층층이 쌓인 구조와 햇살, 철제 기둥이 만들어내는 작은 호흡 속에서, 도시가 잠시 몸을 기대고 낮은 숨을 쉬는 모습이 겹쳐진다.

 주차장은 말없이, 그러나 확실하게 도시에게 잠깐의 휴식을 허락한다. 속도와 정지가 뒤섞인 공간 속에서, 도시의 균형과 리듬이 조용히 재정렬된다. 그 안에서 우리는 도시의 살아 있는 힘과 균형을 함께 느낄 수 있다. 짧지만 깊은 호흡 속에서, 도시가 다시 앞으로 나아갈 힘을 모으는 모습을 우리는 조용히 마주한다. 바쁘게 돌아가던 하루 속에서, 주차장은 말없이 도시의 가장 깊은 층위에서 숨을 고르는 풍경으로 남는다.

25장. 세계
부제:도심마다 다른 선율, 그리고 서울

 도시는 세계마다 다르게 숨 쉰다. 같은 하늘을 이고 있으면서도, 서로 다른 리듬과 구조, 감정과 철학을 품는다. 이 차이는 단지 언어나 기후의 차이가 아니라, 삶을 받아들이는 방식과 사람과 공간이 관계 맺는 태도의 차이에서 비롯된다.

 파리는 선(線)의 도시다. 건물들의 외벽은 마치 한 권의 고전처럼 우아하게 균형을 맞추고, 창과 창 사이의 간격까지도 문장 부호처럼 느껴진다. 거리를 걷는다는 것은 낭만을 찾는 일이 아니라, 질서 속의 세련됨을 감각하는 일이다. 광장마다 쌓인 시간과 빛, 석조 벽의 질감이 발걸음마다 스며든다. 도쿄는 결의 도시다. 좁은 골목, 고요한 질서, 안으로 정리된 혼란과 밖으로 침착하게 드러나는 정리는 반복과 절제, 고요와 긴장이 쌓인 도시의 호흡처럼 느껴진다. 바람이 스머드는 작은 틈과 낮은 발걸음 소리 속에서, 도시가 자신을 다스리는 순간이 보인다. 뉴욕은 속도의 도시다. 빌딩은 자본의 정점이며, 거리마다 에너지가 쏟아진다. 자동차와 인파, 간판과 색채가 겹겹이 쌓이며 끝없이 공간을 재구성한다. 여기서는 완성보다 가능성, 정답보다 시도가 중요하다. 거리 곳곳에서 도시의 맥박이 빠르게 뛰고, 공간이 끊임없이 새롭게 만들어진다. 런던은 균형의 도시다. 과거와 현재가 자연스럽게 공존하고, 전통과 실험이 골목 안에서 조용히 교차한다. 강을 따라 펼쳐진 구조는 물처럼 느리지만 단단하다. 공원은 쉼이 아니라 제도이며, 도로는 기능이 아니라 태도다. 이미 형성된 신뢰 위에서 도시는 시민과 함께 숨 쉰다. 이스탄불은 기억의 도시다. 유럽과 아시아, 기독교와 이슬람, 돌과 돔, 탑과 바다가 한 공간에 나란히 놓인다. 골목에는 향신료 냄새와 기도의 음색이 겹치고, 낡은 건물조차 매일 새롭게 호흡한다. 과거가 현재 안에서 재해석되며, 도시는 시간 속을 끊임없이 이동한다.

상하이는 전환의 도시다. 건물들은 하룻밤 사이 달라지고, 과거의 구조는 미래의 욕망으로 대체된다. 욕망이 구조를 압도하고, 도시가 빠르게 올라가고 빠르게 교체된다. 변화하는 풍경 속에서, 도시가 살아 있음을 가장 적극적으로 보여준다. 서울은 결론 없는 도시다. 질서와 무질서, 전통과 속도, 감성적 감각과 기능적 효율이 한 공간에 겹겹이 포개져 있다. 새벽엔 청계천이 흐르고, 한낮엔 강남대로에 빛이 쏟아지며, 저녁엔 연남동 골목에서 이야기들이 피어난다. 서울은 완성되지 않은 문장처럼 늘 반쯤 열려 있지만, 놀라울 만큼 유기적으로 움직인다. 누구도 설명할 수 없지만, 누구나 살아낼 수 있는 도시. 모순을 품고, 다양한 장르가 섞인 소설처럼 자신만의 이야기를 써 내려간다.

  세계의 모든 도시가 자신만의 리듬과 숨결을 가진 살아 있는 존재라면, 서울은 지금도 가장 격렬하게, 가장 아름답게 자기 이야기를 써 내려가고 있다. 우리는 그 도시들의 문장 속을 걸으며, 조용히 자신만의 서사를 적는다. 빛과 그림자, 바람과 소음, 사람과 건물 속에서 우리는 걸음마다 도시의 호흡을 느끼고, 그 속에서 스스로의 이야기를 만들어간다. 한 걸음씩 도시 위를 걸으며, 각자의 속도와 리듬 속에서 자신만의 숨결을 발견하는 순간, 세계의 모든 도시가 살아 있는 존재임을, 그리고 우리가 그 한가운데 함께 서 있음을 느낀다.

26장. 도시
부제:인간이 설계한 가장 아름다운 공간

 도시를 걷는다는 것은, 마치 하나의 거대한 놀이공원에 발을 들이는 일이다. 표를 끊지 않아도 좋고, 지도를 들 필요도 없다. 어디든 입구가 될 수 있고, 무엇이든 기구가 된다. 눈앞의 횡단보도는 오래된 회전목마처럼 느껴진다. 신호를 기다리며 선 사람들은 마치 다음 차례를 기다리는 승객처럼, 각자의 자리에서 잠시 멈춰 있다가 다시 움직인다. 그 움직임은 반복되지만, 어제와 오늘의 색은 다르고, 마주치는 얼굴도, 귓가에 스치는 말들도 매번 다르다. 도시의 하루는 같은 곡선을 돌 듯하면서도 매번 다른 표정을 보여준다.
 그러다 불현듯, 복잡하게 얽힌 빌딩 숲 사이 좁은 지하도 계단에 발을 디딘다. 그 계단은 마치 롤러코스터의 출발선 같다. 짧고 가파른 계단을 오르내리는 수많은 발걸음, 빠르게 밀려드는 사람들 속에서 심장이 뛰기 시작한다. 예상치 못한 충돌과 급격한 방향 전환, 소음과 숨 가쁨이 뒤엉킨 그 순간, 도시의 롤러코스터는 우리의 감각을 한껏 끌어올린다.

그렇게 한참을 지나면 어느새 조용한 공간에 닿는다. 벤치에 앉아 잠시 쉬는 그 순간은 마치 관람차의 꼭대기에 올라 도시 전체를 내려다보는 것과 같다. 숨 가쁘게 돌던 세상이 멈추고, 낮게 깔린 안개와 빛바랜 건물들이 한눈에 들어온다. 바람은 잔잔하게 얼굴을 스치고, 먼 곳에서 들려오는 소음은 마치 멀리서 울리는 음악처럼 느껴진다. 그 잠시의 고요함은 도시 놀이공원에서 맞는 잠깐의 휴식과도 같다.

하지만 이내 다시 발걸음을 옮기면, 범퍼카를 타는 듯한 순간이 찾아온다. 붐비는 골목길과 좁은 인도 사이에서 사람들과 부딪히고, 빠르게 방향을 틀며 서로의 공간을 조심스럽게 탐색한다. 가끔은 살짝 부딪혀 웃음이 터지기도, 때로는 미안한 표정이 오가기도 한다. 이 부딪힘과 조심스러운 밀당 속에서 도시는 살아 움직이고, 우리는 또다시 그 안에서 균형을 맞춘다.

도시의 놀이공원은 쉬지 않고 계속된다. 커피를 든 손, 어둠 속에서 반짝이는 가로등, 길가에 피어난 꽃

들, 익숙한 노랫소리와 낯선 발걸음들이 어우러져 끊임없는 무대를 만든다. 어떤 날은 조용하고 부드럽게, 또 어떤 날은 거칠고 빠르게 흐르는 이 무대 위에서, 우리는 배우이자 관객으로 함께 숨 쉬며 살아간다. 그리고 그 모든 순간이 모여 도시라는 거대한 놀이공원을 완성한다.

3부

미래의 도시

1장. 인공지능
부제: 도시의 신경이 되다

 도시는 생각하기 시작했다. 수천만 개의 센서가 뿌리처럼 도시 곳곳에 뻗고, 수억 개의 신호가 실핏줄처럼 흐르며 서로의 움직임을 감지한다. 이 모든 정보를 관통하는 두뇌가 등장했고, 그 중심에는 인공지능이 있었다. 인공지능은 도시의 새로운 신경으로서, 단순한 구조물의 설계를 넘어 혼잡을 예측하고, 불편을 미연에 제거하며, 에너지를 효율적으로 분배한다. 쓰레기통이 가득 차기 전에 수거가 이루어지고, 대중교통은 수요의 파동에 따라 유연하게 운행되며 사람들의 일상을 치밀하게 조율한다.

 이런 변화 덕분에 우리는 버튼 하나 없이 문을 지나고, 말 한마디 없이 길을 안내받는다. 모든 기능은 배려로 작동하며, 모든 편의는 경험을 통해 스스로 진화한다. AI에 대한 의혹이 도사리고 있지만, 그것은 결코 도시의 주인이 아니라, 인간이 설계한 가장 지능적인 도구일 뿐이다. 도시는 우리를 대신해 생각하고, 우리를 위해 판단하며, 결국 우리를 더 자유롭게 만든다.

 그 덕분에 우리는 이전보다 더 편하게 움직이고, 더 안전하게 살아가며, 동시에 더 창의적으로 일할 수 있다. 도시가 똑똑해질수록 인간은 더욱 인간다워지고, 우리가 바랐던 미래에 한 발씩 다가간다. 철과 유리로 이루어진 육체 위에 신경과 감각을 갖춘 도시는 점점 인간을 닮아가며, 계산하지 않고 배려하고, 명령하지 않고 제안하며, 통제하지 않고 유연하게 조율하는 법을 배운다. 우리는 도시의 주인으로서 그 무대를 살아가지만, 동시에 도시는 삶 속에서 배려와 섬세함으로 조화를 만들어낸다. 이제 도시는 더 이상 벽돌로 지어진 세계가 아니라, 인간의 이상이 구현된 살아 있는 아름다움이며, 인공지능 시대의 도시는 인간 정신의 결정체이자 문명의 가장 섬세하고 정교한 형상으로 다가온다

2장. 탄소제로

부제: 투명한 도시의 숨결

 도시는 항상 스스로 숨 쉬고 있었다. 아스팔트 위를 미끄러지듯 흐르는 자동차의 행렬, 고층 빌딩 유리창에 반사되는 햇빛의 리듬, 지하철이 지나간 직후의 미묘한 기류까지. 모든 요소는 도심의 호흡을 구성하는 작은 진동들이었다. 이 숨결은 인공적이기보다 정교했고, 거칠기보다 섬세했다. 사람들은 이를 의식하지 못한 채 살아갔지만, 사실상 도시는 인간을 위해 이미 수없이 조율되어 있었고, 그 조율은 거대한 공감처럼 도시 전체에 퍼져 있었다.

 탄소제로 시대는 이 조율을 한층 더 정제하고, 도시의 숨결을 더 깊고 맑게 다듬는 과정이다. 기존 도시를 부정하거나 갈아엎는 방식이 아니라, 지금까지 축적된 질서와 아름다움을 존중하며 그 위에 새로운 호흡의 층위를 덧입힌다. 빛을 전기로 전환하는 유리창,

태양열을 품은 도로, 외부 환경을 감지하고 자동으로 순환하는 환기 구조는 더 이상 과학소설의 상상이 아니라, 도시의 아름다움을 더욱 투명하게 만드는 실제적 장치가 되었다. 도시가 말없이 작동하는 하나의 생명체처럼 느껴지는 이유는, 그 속에 깃든 기술이 점점 더 자연의 리듬에 가까워지고 있기 때문이다. 이제 건물은 단순히 거주와 기능의 공간이 아니라, 공기와 빛의 흐름을 재구성하는 감각의 기계가 된다. 거리 하나, 창문 하나, 표지판 하나까지 모두 순환 구조 속에서 제 역할을 수행하며, 도시 전체가 마치 한 번의 호흡처럼 유기적으로 작동한다. 사람들은 더 이상 숨을 견디는 존재가 아니라, 도시와 함께 숨을 나누는 존재가 된다. 숨결은 억눌리지 않고 퍼지고, 공간은 막히지 않고 열린다.

결국 탄소 없는 도시란 무엇을 제거한 결과가 아니라, 도시의 감각이 가장 이상적으로 발현된 상태이다. 소음은 줄었지만 소통은 늘었고, 에너지 소비는 줄었지만 삶의 온도는 오히려 높아졌다. 정제된 구조 속에서 인간은 불필요한 노력을 덜어내고, 그만큼 더 많은 감각과 경험을 누린다. 변화의 중심에는 기술이 아니라, 인간의 직관과 배려가 있다. 도시의 숨결은 더 멀리 퍼지고, 더 조용히 다가온다. 이는 혁명이 아니라 정교한 진화다. 예전부터 존재했던 것처럼 자연스럽지만, 지금보다 훨씬 더 섬세하게 다듬어진 하나의 연주처럼, 도시는 더욱 깨끗하게 숨 쉬며 우리에게 더 깊고 넓은 환영을 제공한다.

3장. 자율주행
부제: 도로 위의 안무가 되다

 도시는 언제나 리듬을 품고 있었다. 아침이면 골목에서 출발한 자동차들이 간격을 맞추며 도로로 흘러들고, 신호등의 박자에 따라 정지와 출발이 이어진다. 그 안에서 사람들은 각자의 일정을 안고, 각자의 목적지를 향해 조심스럽게 움직이며 조화를 만들어낸다. 도시의 도로는 단순한 교통의 경로가 아니라, 수많은 선택과 예측이 얽힌 거대한 안무의 무대였다.

 이제 그 무대 위의 움직임은 더욱 정밀하고 유기적으로 변화한다. 자율주행 기술이 차량에 단순한 이동 기능을 부여하는 것이 아니라, 도시 전체의 흐름을 읽고 조율하는 새로운 언어를 제공하기 때문이다. 차량들은 더 이상 고립된 주체가 아니라, 주변과의 관계 속에서 사고하고 반응하는 감각적 존재가 되어간다. 센서와 알고리즘은 단순한 장치가 아니라, 리듬을 감지하는 새로운 청각이자, 충돌을 피하는 직관이 된다. 이 변화 덕분에 도로는 이전보다 훨씬 질서 정연하게 작동하고, 그 안에서 사람들은 더 깊이 휴식하며, 더 넓은 시야를 확보할 수 있다.

이동은 단순히 시간의 소비가 아니라, 공간의 감상을 가능하게 만든다. 차창 너머의 도시 풍경은 느긋하게 스쳐 가고, 교차점마다 펼쳐지는 흐름의 패턴은 마치 악보 위의 음표처럼 읽힌다. 속도와 정지는 새로운 감각의 율동으로 변주되며, 이동 자체가 하나의 예술적 경험으로 자리한다. 자율주행 기술은 인간을 배제하지 않는다. 오히려 반복적 피로를 덜어주고, 인간이 누려야 할 시간을 되돌려준다. 그 덕분에 차량과 보행자의 동선은 안무 속에서 조화를 이루고, 일상의 반복조차 새로운 감각으로 체험된다. 도로는 더 이상 목적지로 향하는 직선이 아니라, 인간과 도시가 함께 만들어내는 조화로운 무대가 된다.

결과적으로 도시는 단순한 배경이 아니라, 우리 삶 속에서 스스로 판단하고 조율하는 지능적 존재가 된다. 인간은 도로 위에서 주체로 움직이며, 기술이 제공하는 질서와 배려 속에서 이전보다 더 여유롭고 창의적인 생활을 누린다. 자율주행 시대의 도시는, 인간이 중심에 서 있는 가운데 스스로 흐름을 조율하고, 우리가 바랐던 질서와 자유, 그리고 아름다움을 동시에 실현하는 새로운 무대로 거듭날 것이다.

4장. 증강현실
부제: 도시의 감각을 확장하다

 도시는 언제나 감각의 총합이었다. 시선은 간판의 배열을 따라 흐르고, 발걸음은 보도블록의 패턴에 반응했다. 소리는 골목의 폭을 따라 퍼지고, 빛은 유리창과 네온 사이를 반사하며 도시의 표정을 만들어냈다. 도시란 곧, 눈과 귀, 손끝으로 경험되는 하나의 풍경이자, 감각의 무대였다.

 그 무대 위에 이제 새로운 층위의 감각이 덧입혀진다. 증강현실은 기존 도시를 대체하지 않고, 이미 충분히 아름다운 도시의 결을 더욱 섬세하게 부각하며, 보이지 않던 정보를 직관으로 전환시킨다. 벽돌 위에는 이야기가 입혀지고, 거리 위에는 예술이 떠오르며, 표지판 옆에는 번역된 풍경이 함께 흐른다. 도시는 물리적 구조를 넘어, 해석과 감정이 입체적으로 겹쳐지는 다층적 공간으로 확장된다. 이제 사람들은 도시를 단순히 읽는 것이 아니라, 도시와 대화를 나눈다.

눈앞의 건축물은 그 자체의 아름다움을 유지하면서도, 시간의 맥락을 함께 띠고 있다. 언제 지어졌는지, 어떤 이야기를 품고 있는지, 누가 이 길을 먼저 걸었는지가 시선에 닿는 순간 펼쳐진다. 그 경험은 단순한 정보 전달이 아니라, 감각을 곱게 덧칠한 하나의 경험으로 완성된다. 도시는 여전히 구조적이고 실체적이지만, 그 위에 새롭게 덧입혀진 감각은 결코 소란스럽지 않다. 기술은 스스로를 과시하지 않고, 공기의 흐름처럼 자연스럽게 도시의 일부가 되어간다.

사용자에게 다가오는 것은 숫자나 버튼이 아니라, 오래된 간판 위에 피어오르는 기억의 조각이며, 거리 이름 뒤에 숨겨진 이야기다. 증강현실은 도시를 치장하지 않는다. 대신, 도시가 원래 가지고 있던 감각의 결을 더 정교하게 드러낸다. 낡은 담벼락은 화려한 광고판으로 대체되지 않고, 그 자리에는 새겨졌던 손 글씨의 온도가 덧입혀진다. 도시의 본질은 유지되면서도, 그 위를 흐르는 시간의 층위가 시각화된다.

도시는 점점 더 촘촘하게 읽힌다. 그 촘촘함은 복잡함이 아니라 풍요로움으로 이어진다. 우리는 그 풍요

속을 걸으며, 눈앞의 공간을 넘어 보이지 않는 것까지 느낀다. 증강현실은 도시의 감각을 확장하며, 인간과 도시가 함께 만들어가는 새로운 경험의 장을 부드럽게 펼친다. 순간의 체험과 층위가 겹쳐지며, 도시와 인간은 서로를 읽고 이해하고, 함께 만들어가는 삶의 풍경이 완성된다.

5장. 도시항공
부제:수직으로 확장되는 질서

 도시는 오래도록 수평 위에서 자신만의 질서를 다듬어왔다. 도로는 길게 뻗은 선으로 사람과 차량의 흐름을 안내하고, 그 위에 세워진 건물들은 마치 음표처럼 운율을 만들어낸다. 횡단보도의 깜빡이는 신호와 차량의 움직임은 도시의 박동과 맞물리며, 평면 위를 살아가는 모든 존재를 하나의 선율로 엮고, 우리는 이 구조 속에서 하루를 보내며, 도시 또한 그 안에서 세밀하게 조율된 아름다움을 드러낸다.

 하지만 이제 도시의 질서는 더 이상 지면에만 머물지 않는다. 고층 건물은 단순히 위로 솟아 있는 상징이 아니라, 실제적인 교통과 이동 경로가 되면서 수직의 공간이 도시의 새로운 차원이 되고, 지상에서 쌓아온 정밀한 구조와 리듬이 위로 이어지면서 도시 전체의 밀도와 풍요는 이전과는 다른 방식으로 배가된다.

건물 옥상과 공중 플랫폼 위를 오가는 이동은 단순한 도피가 아니라, 도시 흐름 속에서 서로 맞물리며 하나의 조화로운 연주를 만들어낸다. 하늘은 더 이상 비어 있는 공간이 아니라, 사람과 기술, 공간이 함께 얽히는 새로운 생활 영역이 된다.

 이 중심에는 드론과 에어택시가 있다. 드론은 물류와 우편을 담당하고, 에어택시는 출퇴근과 이동을 지원한다. 두 기술은 단순한 운송 수단을 넘어, 질서와 공유의 시스템 속에서 누구나 접근할 수 있는 경험을 제공하며, 수평과 수직이 결합된 입체적 구조 속에서 우리가 지상과 공중을 동시에 체감할 수 있게 한다. 이동은 단순한 기능을 넘어, 참여와 경험이 결합된 활동으로 확장되고, 사람과 도시가 함께 만들어내는 새로운 리듬 속으로 흡수된다.

 도시는 이제 위로 열린다. 지상에서 경험하던 질서가 하늘로 이어지면서, 수직과 수평의 흐름이 맞물리고, 인간과 기술, 공간이 함께 만들어내는 입체적 악보가 완성된다. 우리는 그 위에서 단순히 이동하는 것이 아니라, 도시의 선율을 따라 호흡하며, 흐름을 연주한다. 수직으로 확장된 도시의 하늘과 지상은 더 이상 분리된 영역이 아니며, 모든 이동과 경험이 하나의 거대한 입체적 예술로 통합된다.

 이렇게 도시 항공은 단순한 이동의 혁신을 넘어, 도시 전체를 살아 있는 경험의 장으로 변모시키고, 평면 위의 질서와 수직의 흐름이 맞물리면서, 인간과 기술, 공간이 함께 만들어내는 새로운 도시 경험이 완성된다. 우리는 그 안에서 이전과는 다른 풍요와 자유, 그리고 아름다움을 누린다.

6장. 데이터

부제:도시에 기억을 새기다.

 매일 사람들의 발걸음과 선택, 망설임이 켜켜이 쌓여 보이지 않는 층을 이루는 도시. 거리와 건물, 골목과 광장마다 남은 작은 흔적들은 단순한 표식이 아니라, 그곳을 거쳐간 사람들의 이야기와 기억을 담은 살아 있는 기록이다. 우리는 매일 같은 길을 걸으며, 도시가 기억한 순간들과 맞닿고, 그 기억 위에서 다시 하루를 살아간다. 이렇게 쌓인 경험들은 개별적 사건을 넘어, 도시 전체가 하나의 거대한 집합체로 호흡하게 만든다.

 이제 그 기억은 보다 명확한 형태로 도시 자체에 각인된다. 데이터는 도시의 새로운 언어가 되고, 정보는 추상적인 흐름이 아니라 실질적인 구조로 자리 잡는다. 어느 거리에서 보행자가 가장 오래 머물렀는지, 어떤 광장에서 웃음이 가장 많이 터졌는지, 어느 지하철역에서 가장 많은 발걸음이 엇갈렸는지를 도시 스스로가 기록하며, 그것을 활용해 사람을 이해하고 배려한다.

건물은 사람들의 흐름을 기억하고, 공원은 이용자의 리듬에 맞춰 조명을 조절하며, 신호등은 단순한 시간이 아니라 맥락에 따라 반응한다. 도시 전체가 하나의 거대한 기억 장치가 되어 모든 경험을 축적하고, 새로운 구조와 패턴을 만들어낸다. 이렇게 쌓인 기억은 반복을 방지하고 효율을 높이는 것을 넘어, 더 나은 미래를 설계하는 씨앗이 된다. 데이터는 단순한 수집이 아니라, 배려가 축적된 결과물이다.

사람들은 인지하지 못한 채로 도시의 기억에 조용히 참여하고, 도시 또한 그 존재를 부담스럽지 않게 품는다. 도시가 사람의 생활을 더 잘 이해하고, 더 적절하게 반응할 수 있는 능력은, 결국 기억을 얼마나 세심하게 간직하는가에 달려 있다. 우리의 걸음, 머뭇거림, 선택, 그리고 망설임까지도 기억되며, 그 흔적을 반영해 공간이 설계된다.

데이터는 도시가 단순히 기능하는 공간에 머물지 않고, 사람의 삶과 감정을 세심하게 반영하는 존재가 되도록 돕는다. 도시가 사람을 닮아가고, 사람 또한 도시 안에서 자신의 삶을 반추할 수 있게 되면, 이렇게 쌓인 기억은 하나의 축적된 감정이자 공동체의 연대가 된다. 사람들의 걸음, 머뭇거림, 선택과 망설임까지 반영되는 이 기억은 도시 안에 조용히 자리 잡아, 모든 경험이 하나의 흐름으로 이어지게 한다. 그리고 그 흐름 속에서 도시는 잊지 않는 존재로 성장하며, 우리 모두가 함께 써 내려가는 이야기를 품은 도시가 될 것이다.

7장. 로봇

부제: 도시의 새로운 손끝이 되다.

 벽돌을 쌓고, 유리를 끼우고, 선을 잇고, 불빛을 달고 간판을 걸던 인간의 손에 이어, 이제 정교한 로봇의 손이 도시를 채운다. 거리의 청소를 맡는 작은 자동화 장치, 도서관에서 책을 정리하는 조용한 로봇팔, 병원에서 약을 배달하고 환자를 안내하는 유연한 기계의 발걸음까지, 도시의 몸체가 넓어지고 세분될수록 이 손끝의 정밀함은 더욱 빛난다.

 로봇은 단순한 반복 작업을 넘어, 상황을 이해하고 반응하며 도시 구석구석을 채운다. 인간의 손이 닿기 어려운 틈을 메우고, 감당하기 힘든 피로를 대신 짊어지며, 도시 속 흐름과 질서 속에서 스스로 자리를 찾아 조화롭게 움직인다. 눈에 띄지 않지만, 그 부드러운 정확함은 도시의 리듬에 자연스럽게 녹아 들어, 전체 질서를 더욱 안정적이고 정돈되게 다듬는다.

이제 도시는 더 많은 손을 가진 존재가 되었다. 인간의 손과 기계의 손이 함께 만들어내는 공동의 붓질 속에서, 도시의 풍경은 이전보다 훨씬 섬세하고 유려해진다. 감각과 정밀함이 맞닿는 이 새로운 풍경 속에서, 우리는 여전히 중심에 서 있다. 다만, 더 많은 손이 함께함으로써, 도시라는 무대는 과거보다 풍요롭고 정돈된 경험의 장으로 확장된다.

 그리고 그 손끝의 움직임은 기억을 남긴다. 도로 위를 흐르는 발걸음, 공원의 산책, 골목을 스치는 작은 대화까지, 모든 경험은 도시라는 거대한 캔버스에 켜켜이 쌓인다. 로봇과 인간의 손이 만들어내는 공간과 질서는 단순한 구조물이 아니라, 살아 있는 기억의 층위를 형성한다. 건물은 사람과 로봇의 흐름을 기억하고, 공원은 이용자의 리듬에 맞춰 조명을 조절하며, 신호등은 시간뿐만 아니라 맥락에 따라 반응한다.

 이 기억들은 단순한 데이터가 아니다. 그것은 도시가 사람을 이해하고 배려하는 방법이자, 더 나은 미래를 설계하기 위한 씨앗이다. 데이터는 도시가 단순히 기능하는 공간에 머물지 않고, 사람의 삶과 감정을 세심하게 반영하는 존재가 되도록 돕는다. 도시가 사람을 닮아가고, 사람 또한 도시 안에서 자신의 삶을 반추할 수 있게 되면, 이렇게 쌓인 기억은 하나의 축적된 감정이자 공동체의 연대가 된다.

결국, 도시는 잊지 않는 존재로 성장할 것이다. 그 기억 속에서 우리는 모두 함께 써 내려가는 이야기를 이어가며, 과거와 현재, 인간과 기술, 공간이 하나로 얽힌 입체적 경험을 누리게 될 것이다. 손끝과 기억, 데이터가 함께 만드는 이 미래의 도시 속에서, 인간은 여전히 중심에 서지만, 더 많은 손과 더 깊은 기억이 함께 만들어낸 풍요와 조화 속에서 삶을 살아간다.

8장. 도시 언어
부제: 인터페이스가 되다.

 과거의 도시는 단호했다. 표지판은 지시를 내렸고, 신호등의 색은 발걸음을 멈추게 했다. 길을 걷는 우리는 그 말을 따라야 했고, 도시의 언어는 언제나 단방향이었다. 사람과 도시는 서로 다른 세계에 속한 존재처럼 느껴졌다. 안내 방송은 반복되는 음성으로 주의를 끌었지만, 개별적인 필요에는 응답하지 않았다. 도시가 내뿜는 정보는 획일적이었고, 우리는 그것에 맞추어 움직였다.

 그러나 지금의 도시는 달라졌다. 길을 걷는 순간, 표지판은 나를 바라보고 내 시선과 속도를 감지한다. 정류장의 디스플레이는 기다리는 사람의 표정을 읽고, 조명을 부드럽게 조절하며, 필요한 정보를 자연스럽게 건넨다. 엘리베이터 버튼은 탑승자의 손짓과 컨디션을 감지해 부드럽게 말을 건네고, 교차로의 신호 체계는 보행자와 차량의 흐름을 실시간으로 읽어 조율한다. 도시의 언어는 더 이상 명령이 아니라, 반응이 된다.

 미래의 도시는 한층 더 섬세하다. 비가 내리면 단순히 우산 그림이 떠오르는 것이 아니라, 근처 공유 우산의 위치까지 알려준다. 어두운 골목은 보행자의 걸음과 심박을 읽어, 필요한 만큼만 밝아진다. 사람의 선택과 필요를 이해하고, 그에 맞추어 환경이 바뀐다. 도시의 언어는 단어가 아니라 배려가 되고, 단순한 안내가 아니라 이해와 공감이 된다.

 한 걸음, 한 시선, 하나의 손짓에도 도시가 반응한다. 우리는 더 이상 도시를 읽지 않는다. 도시와 함께 걷고, 도시와 호흡하며, 도시 속에서 작은 대화를 나눈다. 과거의 획일적 명령에서 벗어나, 미래 도시는 속삭이고 숨 쉬며, 사람과 함께 살아간다. 도시의 감각은 늘 우리를 향해 열려 있고, 그 안에서 우리는 더 아름다운 경험과 삶을 발견한다.

9장. 재난 대응
부제: 도시가 먼저 움직이다

　도시는 질서를 지키고, 사람을 품기 위해 언제나 먼저 움직여야 했다. 그리고 이제는 사람보다 먼저 위험을 감지하고, 그에 앞서 대응하는 존재로 거듭나고 있다. 도시는 더 이상 재난을 '겪는' 공간이 아니라, 재난을 '막는' 존재로 변화하고 있는 것이다.

　도시는 감각 기관처럼 작동한다. 구조물의 미세한 진동을 감지하는 센서, 도로의 이상 열기를 분석하는 체계, 인공지능 기반의 예측 알고리즘은 위험의 징후를 가장 먼저 포착하고 스스로 해법을 찾아낸다. 화재는 경보가 울리기 전에 차단된다. 홍수는 물이 차기 전 지형이 바뀌고, 쓰나미가 닿기 전 방파제가 솟아오른다. 지진의 전조가 나타나기 전에 피난 유도등은 이미 경로를 수정하고, 붕괴 위험이 감지되면 건물은 스스로 출입을 제한하며, 전체 신호망은 흐름을 재조정해 안전한 길을 연다. 누구의 명령도 없이 도시는 판단하고 보호한다.

위급함 속에서도 도시는 차분히 판단하고, 위험 속에서도 조용히 대응한다. 사람들은 혼란 대신 명확한 흐름 속에서 움직이고, 대피소는 단순한 쉼터가 아니라 정보의 중심으로 기능하며, 재난의 순간은 오히려 도시의 질서가 가장 선명하게 드러나는 시간으로 변한다.

모든 움직임은 결국 한 사람 한 사람을 향한다. 집을 나선 이가 다시 무사히 돌아오기까지, 도시는 가진 모든 감각과 능력을 총동원한다. 눈에 보이지 않는 손길이 구석구석을 감싸며 작동하고, 응급 신호가 울리면 도로의 흐름이 바뀌어 구조의 길이 열린다. 사람들은 혼란보다 안심을, 두려움보다 신뢰를 느낀다.

도시가 먼저 감지하고, 먼저 대응하며, 먼저 보호한다는 사실은 단순한 체계가 아니라 살아 있는 의지이며 흐름으로서 모든 순간을 이어가는 약속이다. 위기가 몰려와도 도시의 흐름은 흔들리지 않고, 모든 길을 열며 사람들의 발걸음을 안내한다. 그리고 그 약속은 끝나지 않는다. 앞으로도 도시의 손길은 계속 이어지고, 새로운 위험과 맞서며 우리의 내일을 아직 쓰지 않은 이야기처럼 열어두며, 조용하지만 단단하게 미래를 만들어갈 것이다.

10장. 도시 교육
부제:공간이 스승이 되다.

 교실이라는 공간을 넘어 도시 전체가 하나의 거대한 학습장이 되어가고 있으며, 이제 그 학습은 더 이상 누군가에 의해 주입되는 지식이 아니라, 공간이 직접 가르치는 체험으로 확장된다. 건물 하나하나가 교재가 되고, 박물관에 들어가지 않아도 도시의 외벽에는 역사와 기술, 예술과 환경이 새겨져 있으며, 지하철 역의 패턴과 동선은 효율의 언어를 말해주고 광장의 구성은 사람 간 거리와 관계를 다시 고민하게 한다. 교차로의 설계는 수학이 되고, 도서관의 정돈된 구조는 사고의 틀을 제공하며, 도시의 모든 구조는 교육적 의도를 품은 질서로 재배열되어 있다.
 도시는 이제 나이와 상관없이 배움의 기회를 제공한다. 아이는 터치스크린이 박힌 벤치에서 처음으로 글자를 배우고, 어른은 AR 가이드를 통해 도심 속 역사적 순간들을 눈앞에서 경험하며, 야간에도 빛 공해 없이 열리는 오픈 클래스를 통해 사람들은 일상 속에서 삶의 깊이를 더한다. 신호등, 안내판, 벽면 디스플레이까지 모든 요소가 잠재적인 교사가 되고, 그 배움은 결코 강요되지 않는다. 지나가는 이가 알아차릴 수도, 놓쳐도 되는 방식이지만 그 안에는 더 나은 삶과 조화로운 공동체, 깊은 사유로 이끄는 정돈된 배려가 숨겨져 있다.

도시의 교육은 구조 자체로 말하고, 그 구조는 반복을 통해 사람의 생각과 행동을 조금씩 바꾸며 결국 사람을 닮아간다. 배움을 품은 도시는 성찰의 공간이 되고, 시민은 그 안에서 주체적이고 유연한 존재로 성장하며, 학교는 벽 안에만 머물지 않고 도시 전체가 교실이 되어, 공간이 스승이 되고 배움은 삶과 맞닿는다. 도시가 가르치는 방식은 조용하지만 확실하며, 우리는 그 안에서 날마다 조금씩 더 나은 존재로 자라난다.

그리고 이러한 배움은 끝나지 않는다. 도시는 계속해서 스스로를 재배치하고 새로운 경험을 만들어내며, 시민이 발견하지 못한 순간에도 배움의 흐름은 이어진다. 그렇게 도시와 사람은 함께 성장하며, 아직 쓰지 않은 내일 속에서 새로운 배움과 성찰을 만들어 갈 것이다.

11장. 의료 인프라
부제: 도시가 치유한다

 도시는 언제나 인간을 감싸왔다. 거대한 병원 건물부터 동네 약국의 간판까지, 치유는 도심의 일상 속에 자연스럽게 녹아 있었고, 그것은 구조 속 배려이자 계획된 돌봄이었다. 도시의 공간은 늘 인간의 회복을 위한 조건을 품고 있었으며, 우리는 그 안에서 크고 작은 안정감을 얻어왔다. 이제 그 치유의 구조는 더욱 촘촘해지고, 더 가까워지고 있으며, 미래의 도시는 스스로 회복의 속도를 높인다. 길 위의 공기 정화 장치는 실시간으로 호흡 환경을 정제하고, 보도 아래 매립된 센서망은 사람들의 건강 신호를 부드럽게 수집하며 대응하며, 의료는 병원을 넘어 도시 전체로 확장된다. 공공 벤치는 단순한 쉼의 공간을 넘어 생체 정보를 감지하고 휴식을 조율하는 인터페이스가 되며, 도시는 이제 몸의 상태를 단순히 인식하는 것을 넘어 먼저 반응할 수 있는 감각기관을 갖추기 시작한다.

 병원은 여전히 도시의 중심으로 존재하지만, 문턱은 낮아지고 분위기는 부드러워졌다. 회복센터는 공원처럼 개방적이고, 약국은 문화공간처럼 따뜻하며, 건강을 관리하는 공간은 건축적으로도 감정을 배려한다. 도시는 치료하는 장소가 아니라 회복을 설계하는 장소가 되고, 그 변화는 돌봄의 가치가 구조 속에 새겨졌기 때문이다. 첨단 기술이 가져오는 놀라움보다 중요한 것은, 이미 배려하고 있었던 도시가 한층 더 섬세한 언어로 인간을 이해하기 시작했다는 사실이다.

 도시는 더 이상 단순히 치료하지 않는다. 도시와 시민은 함께 회복하며, 그 관계는 계속해서 진화한다. 호흡과 걸음, 시선과 몸짓을 따라 흐르는 치유의 질서는 눈에 보이지 않지만 확실하게 존재하며, 새로운 공간과 장치가 만들어지는 순간마다 회복의 경험은 확장된다. 이렇게 도시가 사람과 함께 움직이는 한, 회복은 끝나지 않고, 우리는 매일 조금씩 더 건강하고 더 강인한 내일로 나아가며, 도시와 인간은 서로를 닮아가며 미래를 함께 만들어갈 것이다.

12장. 도시 복지
부제:설계되는 배려

 도시는 언제나 인간의 삶을 계획해 왔다. 거주와 이동, 노동과 여가, 휴식과 만남의 공간들이 정교하게 맞물려 사람들은 자연스럽게 삶의 균형을 조율해 왔고, 이제 그 설계는 한층 더 치밀하게 진화한다. 복지는 더 이상 행정의 절차가 아니라 공간의 기능이 되고 구조의 본능이 되며, 도로의 경계석은 보행 약자를 위한 경사면으로, 횡단보도는 시각장애인을 위한 감각 신호를 품는다. 하지만 도시의 조율은 여기서 멈추지 않는다. 구조물은 일상을 관찰하고 필요를 먼저 알아채며 사전적으로 대응하며, 공공건물의 문은 자동으로 열리되 단순한 편리함이 아니라 인간의 존엄을 지키기 위한 설계로 작동한다.

 도시는 점점 질문하지 않는다. 소득이나 주소, 건강 상태를 묻지 않아도, 도시가 먼저 준비하는 복지가 존재하며, 그것이 바로 설계된 배려다. 공공주택은 단순한 거주 공간이 아니라 커뮤니티와 정서적 회복을 고려한 입체적 구조로 바뀌고, 외로운 이들을 위한 커뮤니티 리빙, 돌봄이 필요한 이를 위한 분산형 케어 유닛, 누구든 함께 앉을 수 있는 계단과 정원이 설계안 속에 포함된다. 기술은 감정을 읽고 구조는 정서를 품으며, 행정은 자연스럽게 공간 안으로 스며든다. 복지는 이제 '주는 것'이 아니라, '이미 거기 있었던 것'처럼 느껴지고, 도시는 그렇게 보이지 않게 준비된 수많은 배려로 누구에게나 열려 있는 풍경을 만든다.

 도시는 묻지 않는다. 이해하고, 곁에 있으며, 필요할 때에는 먼저 움직인다. 그리고 이러한 배려는 끝나지 않는다. 도시와 시민은 함께 움직이며 새로운 필요와 상황 속에서 배려의 지도를 끊임없이 다시 그려 나가고, 우리는 그 안에서 매일 조금씩 더 신뢰하며, 더 유연하고 따뜻한 삶으로 나아가게 된다. 그렇게 도시는 오늘을 넘어 내일에도, 여전히 곁에 머물며 삶의 균형과 존엄을 지켜가는 존재로 계속 진화할 것이다.

13장. 도시 농업
부제:풍경이 먹을거리가 되다

 도시의 풍경은 언제나 기능과 미학이 어우러져 있었다. 유리창 너머 펼쳐진 스카이라인, 질서 정연한 가로수, 리듬감 있는 보도블록의 패턴까지, 모두가 도시의 미적 질서였지만, 이제 그 질서 안에는 생명의 흐름이 더해지고 있다. 도시의 풍경은 식탁으로 이어지는 농업의 무대로 변하며, 옥상은 하늘만 바라보는 공간이 아니라 수직 정원이 되고, 미세한 수분과 햇빛을 조율하는 지능형 농법이 자리하며, 벽면과 주차장 상부 구조 역시 수경재배와 녹색 커튼으로 채워진다. 우리는 더 이상 외부에서 운반된 음식을 기다리지 않는다. 도시 안에서 자라고 도시의 삶과 함께 순환되는 식량 시스템이 발밑에서부터 우리에게 도달하며, 사람들은 동시에 정서적 안정과 식생활의 만족을 얻는다.
 이 농업은 단순히 효율만을 추구하지 않는다. 계절

의 변화를 알리고, 시선을 확장시키며, 도시 자체를 '먹을 수 있는 구조'로 재정의한다. 플랜터에 심긴 채소가 도심 한복판에서 생명의 흐름을 알리고, 자동조절 시스템은 비와 바람을 감지해 작물의 성장을 최적화한다. 자연은 더 이상 도시의 바깥에 있지 않고, 도시의 피부와 구조가 되며, 기술과 융합되어 새로운 경관을 만들어낸다. 이러한 풍경은 단순한 녹지 확장이 아니라, 인간의 삶 전체를 도시 안에서 자급 가능한 구조로 만들어가는 진화의 과정이다.

도시는 이제 스스로를 먹여 살리며, 도시와 시민, 기술과 자연은 서로 연결되어 새로운 생명의 순환을 만든다. 그 흐름 속에서 사람들은 성장하고, 도시 역시 끊임없이 변하며 적응한다. 도시가 스스로를 자급하고, 사람과 함께 그 균형을 지켜가는 한, 우리는 미래에도 풍요와 생명의 지속 속에서 새로운 삶의 방식을 발견할 것이다.

14장. 에너지 공유
부제: 도시가 전력을 나눈다

 한때 에너지는 중앙에서 생성되어 일방향으로 흐르는 통로를 따라 배분되었고, 사람들은 단순히 그것을 쓰기 위해 기다려야 했으며, 도시의 구조는 그 흐름에 종속될 수밖에 없었다. 그러나 이제 도시는 스스로 에너지를 만들고 저장하며 필요에 따라 나누는 하나의 유기체가 되었으며, 전력은 더 이상 어디선가 공급받는 것이 아니라 도시 내부의 수많은 지점에서 생성되고 교류된다. 태양광 패널이 부착된 창문은 빛을 흡수하고, 미세한 진동을 흡수하는 도로와 지하 열을 감지하는 배관은 모두 하나의 조율된 회로처럼 작동하여 건물은 스스로 전력을 생산하고 사용하며 남는 전기를 이웃 건물로 나누고, 낮에는 상가가 여유 전력을 저장하며 밤에는 주택가가 그것을 공급받는 등 도시 전체가 하나의 전기망이자 배터리, 회로이자 심장처럼 유기적으로 연결된다.

 이 흐름은 단절 없는 교류의 미학을 이루며, 전기는 투명하게 흐르고 조율된 알고리즘이 수요와 공급을 실시간으로 계산하지만 시민들은 그 과정을 의식하지 않아도 되며, 도시의 시스템은 조용하고 지능적으로 작동하여 시민들이 그 안에서 더욱 편안한 일상을 살아갈 수 있게 한다. 이러한 공유 구조는 단순한 기술적 흐름을 넘어 도시의 윤리를 바꾸며, 더 많이 가진 자가 더 많이 나누는 것이 아니라, 정밀한 기술과 섬세한 조율을 통해 모두에게 조화롭게 분배되며, 전력의 흐름 하나에도 공동체의 배려가 스며들어 도시의 따뜻함은 이제 단순히 빛과 온도로만 측정되지 않는다. 도시는 스스로 에너지를 돌보고 다시 사람에게 되돌리며, 순환과 배려가 일상 속에서 자연스럽게 체화된다.

 전력이 흐르는 곳마다 도시는 한층 더 따뜻하고 정교해지며, 그 에너지는 단순한 연료가 아니라 도시가 살아가는 방식이자 시민과 공유하는 삶의 맥박이 된다. 낮에는 빛으로, 밤에는 온기로 스며드는 이 흐름은 우리가 함께 만들어가고 나누는 미래의 약속이며,

도시는 더 이상 단순한 소비의 공간이 아니라 스스로를 조율하며 호흡하고 순환하는 살아 있는 체계로 존재한다. 그 안에서 우리는 도시와 함께 새로운 가능성을 느끼고 새로운 삶의 리듬을 발견할 것이다.

16장. 모듈러 도시
부제: 경계 없는 설계로 나아가다

 도시란 본래 고정된 틀 위에서 확장되어 왔다. 구획을 나누고, 도로를 따라 배치하며, 기능별로 용도를 구분하는 방식은 오랫동안 설계의 기본 원칙이었다. 그러나 이제 도시는 더 이상 고정된 블록의 조합이 아니다. 그것은 유연하게 재구성되는 모듈의 집합이며, 상황에 따라 스스로 구조를 조절하는 하나의 유동적 질서다. 모듈러 도시의 핵심은 '분리된 완결'이 아니라 '연결 가능한 가능성'이다. 주거, 업무, 교육, 문화의 기능이 더 이상 물리적으로 분리되지 않고, 각각의 공간은 필요에 따라 재조립되며 새로운 구조 안에 자연스럽게 흡수된다. 아침에는 시장이 되고, 저녁에는 공연장이 되며, 주말에는 어린이 놀이터로 변신하는 거리. 같은 장소가 시간과 맥락에 따라 다른 정체성을 갖는다.

이러한 변화는 단순한 '변형 가능한 공간'을 넘어선다. 도시는 더 이상 완성된 형태를 추구하지 않고, 미완이라는 가능성 속에서 끊임없이 새로워진다. 구조는 계속 움직이고, 건물은 해체와 조립이 자유로우며, 공공공간은 시민의 삶에 맞춰 자신을 조정한다. 사무실은 주거 공간이 되고, 컨테이너는 도서관이 되며, 놀이터는 임시 병원으로, 강의실은 마켓으로 바뀌기도 한다. 도시 구조가 하나의 정답에 얽매이지 않고 스스로를 재구성하는 방식은, 도시가 '단단한 틀'이 아니라 '살아 있는 그릇'임을 보여준다.

 모듈러 도시가 열어주는 세계는 경계가 사라진 세계다. 기능은 융합되고, 구조는 열리며, 삶은 훨씬 더 유연하게 이어진다. 이것은 무분별한 혼합이 아니라, 정제된 설계와 치밀하게 계산된 유연성의 구현이다. 과거에는 고정된 틀 안에서 효율을 찾았지만, 이제 도시는 스스로 조합을 실험하고 조화를 찾아간다. 도시가 우리를 이끄는 것이 아니라, 우리가 도시의 방향을 정한다. 유연한 설계 속에서 도시는 더 넓은 가능성과 깊은 배려를 담으며, 형태는 매일 새롭게 등장한다. 낡지 않고 닳지 않는 도시, 그것은 미래가 아니라 지금 우리 앞에서 설계되고 있는 '움직이는 가능성'이 될 것이다.

17장. 디지털 쌍둥이
부제:도시의 또 하나의 얼굴

도시는 단 하나의 실체로 존재하지 않는다. 지금 우리는 눈앞의 도시를 살아가지만, 동시에 그 도시의 또 다른 형상, 보이지 않는 데이터 위의 도시와 함께 존재한다. 바로 '디지털 트윈'이라 불리는, 도시의 정밀한 가상 복제본이다. 디지털 쌍둥이는 단순한 시뮬레이션이 아니라, 감지하고 예측하며 반응하는 능동적 두뇌다. 도로와 신호, 건물의 진동과 온도, 사람들의 흐름과 소음까지 실시간으로 감지되어 디지털 도시 속에 반영된다.

이 복제된 도시는 원본을 모방하지 않는다. 오히려 원본이 나아갈 방향을 먼저 읽어내며, 도시의 미래를 선도하는 또 하나의 주체로 기능한다. 건설은 먼저 디지털에서 이루어지고, 수천 개의 변수를 시뮬레이션하며 수백만 건의 데이터를 통해 재해를 예측하고 교통과 에너지 분배를 조율한다. 결정은 추측이 아니라, 수치로 뒷받침된 통찰에서 나온다. 도시는 물리적 공간을 넘어 정보의 차원에서도 정교하게 조율되는 하나의 '사유체'가 된다.

 디지털 쌍둥이가 존재한다는 것은, 도시가 뒤늦게 반응하는 존재가 아님을 의미한다. 재난은 예측되고, 병목은 사전에 해소되며, 설계는 끊임없이 최적화된다. 우리는 과거의 실패를 반복하지 않고, 미래의 균형을 미리 맞출 수 있다. 데이터는 차가운 수치가 아니라, 도시가 스스로를 이해하는 언어이며, 우리와 도시가 함께 쓰는 대화의 문법이다. 이러한 움직임은 도시를 더 인간적인 공간으로 되돌리고, 불확실성이 줄어든 도시는 사람에게 더 많은 여유를 준다. 데이터가 빚어낸 질서는 오히려 따뜻한 배려로 이어지며, 첨단기술은 사람을 밀어내는 것이 아니라 중심에 두는 방식으로 쓰인다.

 디지털 쌍둥이는 결국 도시가 자신의 미래를 미리 살아보는 일이다. 미래를 시험해 보는 정밀한 거울이며, 실재를 정제하는 하나의 예술이다. 도시의 얼굴은 하나가 아니며, 이제 그 표정은 더 깊고 넓어졌다. 우리가 아직 도달하지 않은 길마저, 이미 도시의 또 다른 자신이 먼저 걸어보고 있을 것이다.

18장. 초연결,

부제: 도시는 말하기 시작한다

 도시는 언제나 응답하고 있었다. 신호등의 깜빡임, 엘리베이터의 진동, 전광판의 한 줄 문장까지, 도시의 구조는 끊임없이 말을 걸었고, 우리는 그것을 읽으며 따라 움직였다. 이미 오래전부터 도시는 하나의 거대한 대화 공간이었다. 다만 이제, 그 대화는 더 섬세하고 일관된 언어로 다듬어지고 있다.

 모든 것이 연결되는 시대, 도시는 공간이자 네트워크이며, 풍경이자 언어가 된다. 도로는 교통의 흐름을 예측하고, 횡단보도는 사람의 존재를 감지하며, 정류장은 다가오는 버스의 위치와 소요 시간을 실시간으로 알려준다. 하나의 표지판, 하나의 조명, 하나의 벤치까지도 서로 조율하며 사람과 호흡한다. 초연결 사회의 도시는 기술이 아닌 감각의 확장이다. 이제 사람은 더 적은 몸짓으로 더 많은 반응을 이끌어낸다. 도시와의 소통은 명령이 아닌 교감으로 이루어진다. 손을 흔들지 않아도 문이 열리고, 말하지 않아도 조명이 밝아지는 공간, 우리는 기술을 통해 도시를 제어하는 것이 아니라, 도시와 함께 리듬을 나누는 존재가 된다.

도시의 말은 커졌다기보다 더 분명해졌다. 사물은 말문을 트고, 거리의 구조물은 자신을 표현한다. 이 정돈된 소통은 도시를 더 편안한 감각의 공간으로 만든다. 도시는 그 자체로 하나의 언어가 되고, 우리는 그 문법을 읽는 독자이자, 동시에 새로운 문장을 쓰는 창작자가 된다. 도시의 구조는 우리를 따라 움직이고, 그 움직임은 일상 속에서 자연스럽게 흘러간다. 도시 전체가 하나의 살아 있는 시선이고, 하나의 정제된 목소리다.

우리는 그 안에서 묻는다. "도시여, 오늘의 이야기를 들려줄래?" 그리고 이제 도시는, 선명하고 투명하게, 우리가 만들어갈 내일의 이야기로 대답할 것이다.

19장. 드론

부제:도시의 또 다른 시선

　도시는 언제나 위를 향해 있었다. 고층 건물의 유리창에 반사된 하늘과 아파트 베란다에 꽂힌 안테나, 거리 곳곳의 CCTV와 전광판이 보여주듯, 도시는 본래 위로 뻗는 감각을 가지고 있었고, 이제 그 시선은 더욱 자유롭고 섬세하게 진화하고 있다. 드론은 단순히 보는 눈이 아니라, 도시의 균열을 미리 감지하고 교차로의 흐름을 분석하며 응급 상황에서는 가장 빠른 구조 동선까지 계산하는 구조적인 시선이 되었다. 마치 인간의 두뇌가 자율신경을 통해 몸의 상태를 미세하게 조절하듯, 드론은 공중에서 도시의 균형을 지켜내며, 그 움직임은 감시가 아니라 세심한 배려가 된다.

　조밀한 구조물 사이를 오가는 수많은 동선을 부드럽게 이어주고, 사람과 사람의 움직임을 자연스럽게 연결하며, 기술이 사람을 대신하는 것이 아니라 사람이 더 잘 움직일 수 있도록 공간을 설계하는 역할을 수행한다. 도시는 이제 위에서 자신을 바라보고, 드론의 시선을 통해 건축을 새롭게 이해하며 도시의 피부를 입체적으로 해석한다. 회색 콘크리트 위로 흐르는 식생, 교차로 위를 지나가는 조명의 리듬, 거리 사이의 틈까지 모든 요소가 하나의 이야기로 엮인다. 지상에서는 놓치기 쉬운 질서가 위에서는 명확한 아름다움으로 나타나고, 도시는 그 안에서 점점 더 온전해진다.

드론은 단순한 관찰자가 아니라 도시와 사람 사이를 잇는 감각이 되며, 이 앎과 배려는 도시가 스스로를 이해하고 다듬는 방식으로 이어진다. 위에서 바라보는 시선은 거리와 건물, 사람과 시간의 흐름을 하나로 연결하며, 도시는 그 안에서 자신의 질서와 리듬을 재발견한다. 점점 더 정교하게, 더 부드럽게, 더 넓게 자신을 느끼고 이해하며, 그 시선과 감각은 도시 전체에 스며들어 끊임없이 새로운 관계와 이야기를 만들어낸다. 드론과 함께 도시가 스스로를 읽고 조율하는 이 과정 속에서, 도시의 시선은 끝없이 확장되며, 앞으로도 계속 높이, 깊이, 따뜻함을 담아 자신을 펼쳐 나갈 것이다.

20장. 도시

부제: 스스로 수리하다

 도시는 언제나 스스로를 관리해 왔다. 정비공의 손길, 청소차의 리듬, 보수공사의 천막 너머로 도시의 신체는 고쳐지고 가다듬어졌지만, 그것은 늘 외부의 개입에 의존한 방식이었다. 인간이 이상을 감지하고 판단하며 조치를 내리기까지의 시간은 도시를 잠시 멈추게 했고, 그 사이 고장은 침묵처럼 번지며 조율은 늦춰졌다. 그러나 이제 도시는 기다리지 않는다. 균열은 감지되기 전에 예측되고, 마모는 닳기도 전에 보완된다. 스스로를 관찰하고 진단하며, 적절한 회복의 흐름을 선택하는 도시, 그것이 지금의 모습이다.

 전선 아래의 과부하는 자동으로 재분배되고, 노면의 미세한 흔들림은 교통의 흐름을 부드럽게 흡수하며 조정된다. 하수관의 압력 변화는 배수 방향을 바꾸고, 건축물의 진동은 보강재를 스스로 활성화시킨다.

이 모든 과정은 눈에 띄지 않으면서도 정교하게 이루어지며, 도시는 고통을 미리 알아채고 스스로를 지켜낸다. 인간이 축적한 기술과 조율의 지혜는 도시의 구조 속으로 스며들어, 도시는 하나의 생명체처럼 자신의 상태를 감지하고 회복하며 유지한다. 건강한 심장이 규칙적인 맥박으로 몸을 순환시키듯, 도시는 스스로 질서를 관리하며 늘 가장 적절한 상태를 유지한다.

이것은 단순한 기술의 진보가 아니다. 인간의 삶을 존중하고 보호하며 지지하기 위한 방식이 더 섬세해졌음을 보여준다. 이제 도시의 불은 꺼지지 않고, 정전은 사라지며, 침수는 빠르게 흘러가고, 파손은 복구 이전에 이미 예방된다. 도시는 고장이 아닌 '회복의 흐름' 안에서 존재하며, 우리는 깨닫는다. 도시가 아름다운 이유는 완벽하기 때문이 아니라, 끊임없이 스스로를 조율하고 가다듬을 수 있기 때문이다. 그리고 이 자율적 회복의 능력은, 미래의 도시가 품을 가장 인간적인 선물이 될 것이다. 도시는 스스로를 고치는 법을 배웠고, 그 회복력은 인간이 도시를 향해 품어온 오랜 애정의 기술적 결실로 계속 이어질 것이다.

21장. 도시
부제:기억을 품다

도시는 언제나 기억을 쌓아왔다. 벽에 남은 낙서, 오래된 상점의 간판, 골목 끝의 흔들리는 가로등, 무심히 놓인 벤치 하나에도 시간은 고스란히 녹아 있었다. 도시의 구조는 단지 기능의 총합이 아니라, 수많은 삶이 겹쳐 이루어진 이야기의 층이었다. 그러나 그 기억들은 늘 물리적 공간에만 의존해 왔다. 사진으로, 영상으로, 혹은 누군가의 입을 통해 되살아나는 기억들은 완벽하게 보존되지 못했고, 쉽게 지워지거나 때로는 왜곡되기도 했다.

이제 도시는 스스로 기억을 품기 시작한다. 길이 기억을 가지고, 건물이 장면을 저장하며, 광장은 대화를 간직한다. 증강된 공간 기억 시스템은 도시를 걷는 이의 발자국을 따라 이야기를 복원하고, 시간의 흐름을 따라 풍경을 되살린다. 우리가 지나간 거리에는 과거의 날씨가 투영되고, 누군가 나눈 인사 한마디조차 그 자리에서 고요히 재생된다. 그러나 이는 감시나 통제가 아니다. 기억은 단지, 인간을 이해하고 배려하기 위한 도시의 태도다. 도시가 삶의 증거를 모으는 도서관이 되면서, 손에 잡히지 않던 장면들이 거리의 벽을 통해 떠오르고, 지나간 감정의 흔적이 반짝이는 유리창에 되비친다. 이 기억은 사적이면서도 공동의 것이며, 동시에 도시가 지닌 감정의 총체로 다시 태어난다.

  도시가 사람을 기억할 수 있다는 것은, 곧 사람이 도시의 일부로 남는다는 뜻이 된다. 우리는 단순히 도시를 걷는 존재가 아니라, 도시의 기억을 함께 짓는 존재가 된다. 이제 도시를 걷는다는 것은 새로운 장면을 만들고, 동시에 과거를 함께 거니는 일이다. 시간은 더 이상 과거에서 미래로만 흐르지 않고, 도시 속에서 동심원처럼 겹치며 사람들의 이야기와 장면은 켜켜이 쌓여 또 하나의 풍경을 이룬다. 미래의 도시는 이 기억을 더 정교하게 간직하며, 그것을 인간을 위한 가장 따뜻한 환영으로 펼쳐나갈 것이다. 도시는 이제 단순한 기능을 넘어 기억 자체가 되고, 우리는 그 기억 위를 걸으며 도시와 함께 살아갈 것이다.

22장. 사라지는 벽

부제:확장되는 일상

 도시는 언제나 경계로 구성되어 있었다. 실내와 실외, 사적과 공적, 현실과 상상, 이 모든 경계가 도시의 질서를 이루는 축이었고, 덕분에 도시의 구조는 명확한 방향성을 갖고 있었다. 그러나 이제 도시의 경계는 고정된 선이 아니라 흐르는 선이 된다. 미래의 도시는 벽을 지우는 방식으로 경계를 재해석하며, 증강현실과 혼합현실은 더 이상 단순한 기기가 아니라 도시 자체의 감각이 된다. 한 건물의 벽은 가상의 창으로 확장되고, 회의실 한쪽 면은 멀리 떨어진 다른 도시의 공공장소와 실시간으로 연결된다. 사람들은 더 이상 이동하지 않아도 된다. 도시가 스스로 공간을 확장하고 접속하며, 새로운 일상의 무대를 끊임없이 펼쳐나가기 때문이다.

 벽은 더 이상 닫히지 않는다. 공간은 하나의 서사처

럼 유연하게 접히고 펼쳐지며, 카페의 한 구석은 가상의 갤러리가 되고, 주차장 외벽은 원격 수업의 칠판으로 변한다. 빛과 소리, 정보와 감정이 층위 없이 넘나드는 새로운 도시 속에서 사람들의 일상은 더 멀리, 더 넓게 확장된다. 물리적 거리의 한계는 사라지고, 서로 다른 삶의 조각들이 공간을 넘어 맞닿는다. 이것은 단순한 기술적 경이로움이 아니라, 도시가 '공간'으로서만 존재하던 시대를 넘어 '경험'으로서 존재하는 단계로 나아가고 있음을 보여준다. 미래의 도시는 단순히 보는 공간이 아니라, 살아내는 장면이 된다. 가상은 현실을 대체하지 않고, 오히려 현실을 더 풍부하게 직조하는 감각의 도구가 된다.

벽이 사라지고, 경계가 흐려지면서 도시의 구조는 더 이상 정지된 도면이 아니라 살아 있는 유기체가 된다. 우리는 더 이상 공간의 틀 안에 머무르지 않고, 그 틀 자체가 우리를 따라 움직이며, 우리가 보는 방향대로, 우리가 꿈꾸는 방식대로 재구성된다. 도시는 자유로워졌지만, 그 자유는 무질서가 아니라 높은 차원의 조율과 감각 위에 놓인 유연함이다. 사라지는 벽은 도시가 우리에게 주는 새로운 신뢰이며, 확장되는 일상은 그 신뢰 위에 세워진 우리의 새로운 삶이다. 이제 우리는 벽 너머를 상상하는 것이 아니라, 벽 없이 살아가는 삶을 직접 경험하게 될 것이며, 그 경험은 기술이 선물한 도시의 또 하나의 아름다움으로, 우리 일상의 일부가 되어 나갈 것이다.

4부

도시와
나

1장. 도시 속에서 나를 지킨다는 것

 아무리 완벽하게 설계된 도시라도, 그것을 바라보고 느끼는 사람이 없다면 풍경은 생명을 잃게 된다. 거리의 질서, 건축의 조형미, 조명과 구조가 만들어내는 모든 장면이 제 힘을 발휘하려면 사람들의 시선과 움직임이 함께해야 한다. 왜냐하면 도시는, 그 속을 살아가는 사람들의 움직임과 이야기, 공기처럼 스며드는 작은 행위가 더해질 때 비로소 깊고 생생한 아름다움을 갖기 때문이다.

 하지만 현대인은 바쁜 일상 때문에 도시의 풍경을 충분히 받아들이기 어렵다. 지하철 안에서는 스마트폰 화면만 바라보고, 거리 위를 걸으면서도 주변 사람들의 표정을 무심히 지나치며, 공원과 광장을 지나칠 때조차 잠시 멈춰 숨을 고르지 못한다. 그렇게 우리는 풍부한 이야기와 조화를 놓치고, 도시가 품고 있는 아름다움을 잃게 된다.

 도시의 아름다움은 거창한 변화에서 비롯되지 않는다. 발걸음을 잠시 늦추고, 시선을 조금만 다르게 두는 것으로도 충분하다. 지나던 거리의 소리, 벽에 반사된 저녁 햇살, 사람들 사이로 스며드는 고요함을 느낄 수 있다면, 도시의 풍경은 살아 있는 무대로 변하게 될 것이다.

 발걸음을 조금 늦추고, 시선을 집중하며, 소리와 빛, 냄새와 공기의 흐름을 온전히 느껴보자. 골목길의 작은 변화에 주목하고, 벤치에 잠시 앉아 주변을 관찰하거나, 거리 위 사람들의 표정과 움직임에 귀 기울여보자. 공원의 바람과 광장의 햇살을 느끼며 숨을 고르는 순간 도시를 더 깊이 경험하게 되고, 풍경 속에 우리가 함께 살아 있음을 확인하게 될 것이다.

2장. 함께 존재한다는 것의 의미

 도시가 가장 아름다운 순간은 언제일까. 건물이 저녁 햇살에 잠시 황금빛으로 물들거나, 거리의 네온이 반짝이는 밤일까. 물론 그런 장면도 아름답지만, 진정한 아름다움은 식당에서 마주한 두 사람의 조용한 대화 속에, 붐비는 엘리베이터 안에서 스친 눈빛 속에, 같은 풍경을 바라보며 서 있는 발코니의 고요한 동행 속에 피어난다. 서로 다른 존재들이 잠시 한 공간을 공유할 때, 도시의 심장은 잔잔히 뛰기 시작한다.
 그러나 현대의 삶은 사람들을 점점 고립시킨다. 같은 공간에 있으면서도 서로에게서 등을 돌린 채 지나가는 순간이 많다. 지하철 안, 카페의 긴 테이블, 횡단보도 앞에서 우리는 각자의 속도로 흘러가며, 다른 존재의 존재감을 놓치고 지나친다. 홀로 서는 시간은 여전히 의미가 깊다. 하지만 도시가 진정으로 숨 쉬는 모습은, 서로를 방해하지 않으면서도 미묘하게 연결된 순간 속에서 드러난다.

 그 길은 거창하지 않다. 엘리베이터 문을 잠시 열어 타인을 기다리는 작은 배려, 스친 얼굴에 머무는 미소, 공공의 공간을 함께 쓰며 지키는 질서. 버스 정류장에서 나누는 짧은 인사, 가로등 아래 서 있는 이웃의 인사 정도면 충분하다. 그리고 무엇보다 서로의 삶을 깊이 간섭하지 않으면서도, 존재를 인정하고 함께 숨 쉬는 방식이 가장 중요하다.

 작은 연결이 쌓이면, 도시는 단순한 배경이 아니라 살아 있는 공동체가 될 것이다. 낯선 사람과 나란히 서 있어도 고립되지 않고, 혼자 있어도 외롭지 않게 될 것이다. 그리고 그렇게 모인 순간들은 도시를 더욱 깊고 풍요롭게 만들 것이다.

3장. 기술 속에서 나를 잃지 않기 위해

 도시는 언제나 인간의 상상력을 구조로 구현해왔다. 그리고 지금, 그 구조는 점점 더 섬세하고 정교해지고 있다. 기술은 건물의 벽면을 스며들고, 거리의 공기 속을 흐르며, 일상의 거의 모든 장면을 보이지 않게 조율한다.

 하지만 이러한 기술적 장치는 도시를 지배하는 것이 아니라, 오히려 인간의 삶과 조화롭게 맞물려 우리가 도시의 주체로 살아갈 수 있도록 돕는다. 이제 그 방식은 더욱 세련된 양상으로 진화했다. 커튼은 스스로 바람의 방향을 읽고, 가로등은 발걸음의 박자에 맞춰 불을 밝힌다. 집은 기온과 감정의 패턴을 기억하며, 거리의 구조는 흐름을 예측해 정중하게 안내한다.

 이러한 정교한 조율 덕분에 우리는 반복적인 노동에서 벗어나고, 자잘한 결정을 대신 맡기며, 더 많은 감각과 시간을 여유롭게 경험할 수 있다. 주어진 길이 아니라 스스로 선택한 길을 걸으며, 우리는 더 깊이 생각하고 더 길게 느낄 수 있다.

하지만 모든 것이 편리해진 환경 속에서, 우리는 스스로를 잃지 않도록 주의를 기울여야 한다. 기술이 제공하는 편리함과 정교한 조율은 분명 도움을 주지만, 그 속에 깊이 빠져든다면 무엇을 선택하고, 무엇을 느끼는지도 잊기 쉽다.

따라서 중요한 것은, 기술과 도시의 구조 속에서도 자신의 중심을 지키고, 능동적으로 삶을 구성하는 것이다. 예를 들어, 자동으로 조절되는 집 안에서도 내가 무엇을 원하는지 확인하고, 스마트 기기가 제안하는 경로 대신 내가 선택한 길을 걸어보는 일. 가로등이 발걸음에 맞춰 켜진다고 해도, 그 리듬 속에서 나의 호흡과 움직임을 먼저 느끼는 일. 기술과 공간이 만들어내는 편리함 속에서도, 내 감각과 판단을 우선 두는 연습이 필요하다.

이처럼 우리는 기술과 도시가 제공하는 여유와 편리를 활용하면서도, 동시에 스스로를 관찰하고 선택하는 능동적 존재로 살아가야 한다. 그렇게 할 때, 우리는 기술 속에서도 나를 잃지 않고, 도시와 조화를 이루며 더 풍부하고 의미 있는 삶을 누릴 수 있다.

더 나아가, 이런 자기 중심적 선택은 단지 개인의 자유를 지키는 데 그치지 않는다. 우리가 각자의 속도와 감각으로 공간과 시간을 활용할 때, 기술이 제공하는 편리함은 단순한 기계적 기능을 넘어 사람들의 삶과 감정을 연결하는 다리가 된다. 거리의 불빛, 집의 온도, 공공 공간의 질서는 우리의 선택과 감각 속에서 비로소 살아 움직인다.

결국, 기술 속에서 나를 잃지 않는다는 것은 단순히 자신을 지키는 일이 아니다. 그것은 거대한 구조 속에서 자신의 존재를 명확히 하고, 주변과의 관계를 능동적으로 만들어가는 일이기도 하다. 우리가 이러한 균형을 유지할 때, 도시는 단순한 배경이 아니라 우리 각자의 삶과 감각을 담아내는 살아 있는 무대가 되며, 기술과 도시, 그리고 인간이 함께 만들어가는 조화 속에서, 우리는 스스로 더욱 선명해지고, 우리의 일상과 삶은 한층 더 풍요롭고 의미 있는 것으로 확장 될 것이다.

4장. 일상 속에 예술을 심자

 도시는 거대한 예술의 집합체처럼 살아 숨쉰다. 교차로의 질서, 고층 빌딩의 수직 리듬, 창문마다 반사되는 빛과 그림자, 거리의 소리와 바람의 움직임까지. 도시 곳곳이 만들어내는 패턴과 조화는 마치 하나의 살아 있는 캔버스와 같다.
 현대인의 일상은 바쁘고 단절되어 있지만, 그 안에서도 우리는 도시 속에 예술을 심을 수 있다. 골목길 벽면을 바라보며 발걸음의 리듬을 조절하거나, 계단 위 빛과 그림자의 움직임에 맞춰 몸을 움직이는 것만으로도, 우리는 도시의 풍경 속에 자신의 감각과 이야기를 새긴다. 도시는 단순히 '보는' 대상이 아니라, 우리의 작은 선택과 움직임 속에서 '만들고 심는' 행위로 더욱 풍성해진다.

그렇다면 일상 속에서 예술을 심는 방법은 무엇일까? 특별한 장치나 건축적 개입은 필요 없다. 우리의 시선, 호흡, 발걸음, 몸의 움직임만으로 충분하다. 횡단보도에서 걸음을 잠시 늦추고 주변의 빛과 그림자를 음미하거나, 계단을 오르며 공간의 리듬에 맞춰 호흡을 조절하는 것, 광장을 지나며 주위 사람들의 표정과 움직임을 느끼고 그 흐름 속에 나의 존재를 녹이는 것이 모든 작은 순간이 바로 도시에 예술을 심는 행위다.

 이처럼 우리가 작은 변화를 직접 심고, 참여와 창조를 이어갈 때, 도시는 단순한 배경이 아니라 살아 있는 예술이 된다. 우리가 걷는 길마다 심어진 색과 소리가 흔들리고, 머무는 공간마다 우리의 움직임과 감정이 스며든다. 일상 속에서 예술을 심는다는 것은 단순히 감상자가 아니라, 창작자가 되어 도시의 풍경을 함께 완성하는 일이다.

 결국, 예술은 박물관이나 전시장에서만 존재하지 않는다. 우리가 매일 스치는 거리와 골목, 공원과 광장 속에서 심어지고 자라난다. 우리의 선택과 행동이 더해질 때, 도시는 점점 더 풍성하고 다층적인 아름다움을 갖게 될 것이다. 그렇게 일상 속에 심어진 예술은 도시와 우리의 삶을 동시에 살아 있게 하고, 매일의 걸음마다 새로운 감각과 이야기를 만들어 갈 것이다.

5장. 도시의 시간은 기술을 타고 사람에게 맞춰진다

 도시는 오랫동안 질서와 효율을 중심으로 움직여왔다. 정해진 시간에 출근하고, 같은 시간에 점심을 먹고, 해가 지면 퇴근하는 흐름 속에서 도시는 놀라울 만큼 정교하게 작동했다. 제한된 공간과 자원을 최대한 활용하기 위해 시간은 나누어지고, 동선은 계산되었으며, 사람들은 그 구조 속에서 바쁘지만 일관된 하루를 보냈다.
 이 시스템은 한때의 필요와 지혜에서 비롯되었다. 그러나 그 효율 속에서 우리는 종종 자신만의 리듬을 잃었다. 시간은 점점 부족해졌고, 도로는 혼잡했으며, 하루는 시계 바늘에 쫓기듯 흘러갔다.
 하지만 지금, 도시는 다른 움직임을 보여주고 있다. 사람은 여전히 걷고, 차량은 오가며, 일정은 반복되지만, 그 안에는 새로운 흐름이 감지된다. 출퇴근 시간은 유연해지고, 일과 휴식은 더 이상 철저히 분리되지 않으며, 약속은 물리적 공간을 벗어나 온라인과 오프라인을 자유롭게 넘나든다.

 기술 덕분에 반복과 낭비는 줄어들고, 도시는 점점 사람의 생활 리듬에 맞춰 재구성되고 있다. 회의는 더 이상 정해진 공간에 묶이지 않고, 업무는 정해진 시각에 시작하거나 끝나지 않는다. 자연광에 따라 조절되는 실내 조명, 생체 리듬에 반응하는 환경 설정, 실시간으로 제안되는 최적의 이동 경로까지. 도시는 이제 사람의 하루를 읽고, 반응하며, 함께 움직이고 있다.

 이 변화는 눈에 띄지 않게 시작되었지만, 도시를 살아가는 우리의 감각은 분명 달라지고 있다. 도시의 리듬은 더 유연해지고, 더 다양해지며, 무엇보다 더 사람다워졌다. 모두가 같은 속도로 살아가던 시대를 지나, 이제는 각자의 속도에 맞춰 하루를 설계할 수 있는 가능성이 열리고 있다.

 그리고 이제 우리는 그 변화 속에서 스스로 묻는다. 나는 어떤 리듬으로 도시를 살아갈 것인가. 도시의 속도에 나를 맞추는 삶에서 벗어나, 나만의 흐름을 선택한다면, 그것이 진정한 변화의 시작이 될 것이다. 기술은 우리에게 선택지를 열어주었고, 도시는 그것을 받아들인다. 앞으로 우리는 각자의 감각과 속도로 도시를 살아가며, 스스로 하루를 만들어갈 것이다.

6장. 도시에 스며든다는 것, 도시와 함께 살아간다는 것

 도시에 스며든다는 것은 단순히 그 안에 존재하는 것을 넘어서, 도시의 숨결과 소리에 귀를 기울이고, 미세한 떨림 속에 자신의 자리를 천천히 새기는 일이다. 거대한 질서와 끊임없는 변화 속에서, 자신만의 고요를 지키며 주변과 조화를 이루는 순간, 우리는 도시와 함께 살아가게 될 것이다.

 도시는 다성의 합창이다. 아침이면 깨어나는 창문과 커피 향, 오후에는 붐비는 거리와 바쁜 발걸음, 시장과 골목을 채우는 다양한 소리와 색이 도시를 울린다. 밤이면 네온사인이 반짝이고, 가로등 아래 벤치와 그림자가 고요히 숨을 쉰다. 서로 다른 목소리, 걸음, 꿈을 가진 사람들이 한 공간에 모여 살아가는 이 장면이 모여, 도시라는 거대한 합창을 만들어낸다.

도시에 스며든다는 것은 이 합창 속에 자신의 감각과 이야기를 더하는 일이다. 횡단보도에서 걸음을 잠시 늦추고 주변을 음미하며, 골목 위 햇살과 그림자의 움직임에 몸을 맡기고, 공원의 나무 사이로 스며드는 바람을 느끼는 순간. 계단을 오르며 공간의 리듬에 맞춰 호흡을 조율하고, 광장을 지나며 스치는 사람들의 표정과 발걸음을 느끼는 것. 이렇게 작은 행동과 선택이 모여, 도시는 우리가 함께 만드는 살아 있는 무대가 된다.

기술이 깃든 도시도 마찬가지다. 자동 조명, 스마트 경로 안내, 환경 조절 같은 장치들은 단순히 편리함을 주는 도구가 아니라, 우리가 삶을 섬세하게 느끼고 선택할 수 있도록 돕는다. 그렇기 때문에 중요한 것은, 기술이 제공하는 흐름 속에서도 자신의 감각과 판단을 먼저 두는 것이다.

도시에 스며든다는 것은 살아남는 법을 배우는 것이 아니라, 함께 살아가는 법을 새로 써 내려가는 일이다. 우리가 스스로 발걸음을 조율하고, 시선과 마음을 열며 주변과 호흡할 때, 도시는 우리를 기억하고, 우리는 도시와 함께 더욱 선명하게 살아갈 것이다. 그리고 작은 행동과 배려가 쌓일 때, 도시는 앞으로 더 깊고 풍요로운 공동체가 될 것이다.

마치며

 나는 도시를 찬양한다. 그것은 단순한 낭만이나 향수가 아니라, 오랜 시간의 관찰과 신뢰 위에서 다다른 확신이다. 도시는 인간의 역사와 상상력, 기술과 감정이 정밀하게 축적된 구조물이며, 철과 유리, 빛과 알고리즘으로 짜인 유기적이고 정서적인 공간이기 때문이다.

 나는 도시 속에서 인간의 윤리와 욕망, 공동체의 감각과 삶의 방향이 어떻게 구체화되는지 지켜보았고, 결국 도시는 단순한 구조물의 집합이 아니라 하나의 이야기, 하나의 세계라는 사실을 확인할 수 있었다.

 도시는 자주 피로와 결핍의 상징으로 다뤄진다. 그러나 나는 도시의 불완전함을 결함으로 보지 않는다. 오히려 이러한 불완전함은 조율과 진보의 궤적이 남긴 흔적이라 본다. 완벽하지 않기에 계속해서 개선과 적응이 일어나며, 그 과정 속에서 도시에는 인간을 위한 고민과 배려가 차곡차곡 쌓여 있기 때문이다.

나는 도시가 더 아름다워질 것이라 믿는다. 하지만 새로운 것을 상상하기에 앞서, 이미 존재하는 도시의 아름다움을 인식하고 확장하는 과정이 먼저라고 생각한다. 이 글을 통해 독자는 도시가 단순한 무대나 배경이 아님을 알게 되고, 도시는 스스로 이야기를 가진 존재이며, 우리가 그 이야기의 중심에 서 있다는 사실을 자각할 수 있기를 바란다.

나는 앞으로도 도시를 찬양할 것이다. 도시는 우리의 삶을 빚고, 기억을 새기며, 미래를 향해 이끄는 존재이기 때문이다.

마지막으로, 이 글을 도시를 만들어가고 가꾸는 건축가와 디자이너, 땀과 시간을 쏟은 노동자들과 기술자들, 그리고 거리와 공원을 깨끗이 유지하는 환경미화원, 도시의 안전과 질서를 지키는 공무원과 경찰, 교통과 시설을 관리하는 관리자들, 그리고 그들이 만든 공간 속에서 살아가는 모든 사람들에게 바친다.

도시찬가

초판 1쇄 인쇄 2025년 11월 06일
초판 1쇄 발행 2025년 11월 06일

지은이　　장성욱

디자인　　포레스트 웨일
펴낸이　　포레스트 웨일
펴낸곳　　포레스트 웨일
출판등록　제2021-000014 호
주소　　　충청남도 아산시 탕정면 용머리길 40 유니콘101 216호
전자우편　forestwhalepublish@naver.com

종이책　　979-11-94741-59-6

ⓒ 포레스트 웨일 | 2025
· 이 책은 저작권법에 의하여 보호받는 저작물이므로 무단 전재와 복제를 금합니다.
· 이 책 내용의 전부 또는 일부를 이용하려면 사전에 저작권자와 포레스트 웨일의 서면 동의를 얻어야 합니다.

작가님들과 함께 성장하는 출판사
포레스트 웨일입니다.
작가님들의 소중한 원고를 받고 있습니다.
forestwhalepublish@naver.com